COURS

DE

THÈMES GRADUÉS

Tout exemplaire non revêtu de ma signature sera réputé contrefait.

DE L'IMPRIMERIE DE CRAPELET, RUE DE VAUGIRARD, 9.

COURS

DE

THÈMES GRADUÉS

ADAPTÉ A TOUTES LES GRAMMAIRES LATINES

A L'USAGE DES CLASSES

DE SEPTIÈME, SIXIÈME, CINQUIÈME ET QUATRIÈME

PAR M. C. D. [Courtaud-Divernesse]

EX-PROFESSEUR AU COLLÉGE ROYAL DE LOUIS LE GRAND

PARIS

A LA LIBRAIRIE CLASSIQUE

DE Mme Vve MAIRE-NYON

QUAI CONTI, N° 13

—

1846

AVERTISSEMENT.

Ce *Cours de Thèmes* est extrait d'un recueil de devoirs dicté, dans l'espace de plusieurs années, aux élèves des différentes classes auxquelles nous le destinons, par M. Courtaud Divernéresse, anciennement chargé de l'enseignement des classes de grammaire au collége royal de Louis le Grand, et aujourd'hui professeur au collége royal de Bourbon.

M. Courtaud, occupé en ce moment à préparer la publication de son grand *Dictionnaire français-grec*, et ne pouvant diriger lui-même l'impression de ce *Cours de Thèmes*, puisé dans ses cahiers, nous avons essayé de suppléer aux soins qu'il y aurait lui-même apportés.

C'était une tâche facile, car nous n'avions qu'à choisir parmi d'excellents matériaux. Nous avons suivi l'ordre de progression tout tracé par les travaux des différentes classes auxquelles ces thèmes ont été dictés. La seule chose qui nous appartienne, ce sont les sommaires mis en tête des cent soixante-trois premiers exercices, en vue de rappeler aux élèves les principales règles dont chacun d'eux leur présente l'application. Nous n'avons pas continué de mettre ces sommaires plus loin que la quatrième feuille, soit parce que nous avons pensé que les exercices précédents devaient avoir suffisamment habitué les élèves à reconnaître les règles qu'il s'agit d'appliquer, soit parce que les exercices eux-mêmes changent de nature : les élèves alors ont moins à s'occuper de règles à observer, que du style ; dont il leur faut s'accoutumer à reproduire les figures et les tours, l'élégance ou la vivacité.

Nous offrons avec confiance aux élèves de nos colléges un recueil vraiment utile, tout à fait propre à les rompre à la pratique des règles dont ces exercices sont hérissés, sans que pourtant ils portent avec eux ce manque d'intérêt, cet ennui qui fatigue trop souvent de jeunes et vives intelligences.

Nous ne dirons de l'exécution, que ce peu de mots : l'éditeur n'a rien négligé pour faire matériellement un joli volume; nous, nous avons tâché de le rendre le plus correct possible : c'est tout le mérite auquel nous pouvions prétendre.

30 septembre 1845.

D. MARIE,

Ancien élève de l'École normale, ex-professeur agrégé, pour les classes supérieures des lettres, aux colléges royaux de Louis le Grand et de Saint-Louis.

ERRATA.

———

N° XLVII, lignes 11 et 12 : mes projets, *lisez :* mon projet.

N° LXXXIV, ligne 2 : gagna tant de combats, *lisez :* livra tant de combats.

N° LXXXVI, ligne 1 : le plus digne, *lisez :* le plus dignes, *ou* les plus dignes.

Ibid., ligne 15 : qu'importe., *lisez :* qu'importe ?

N° LXXXVIII, ligne 11 : Si celui-ci...., *lisez :* Si celui-là.... .

Ibid., ligne 13 : Si c'est celui-là, *lisez :* Si c'est celui-ci.

N° XCIV, ligne 1 : On ne saurait dire, *lisez :* On ne saurait trop dire.......:.

N° XCV (note) *Impositá mortis pœná, ne quis* .. lisez : *propositá capitis pœná, ne quis...*

COURS
DE THÈMES.

I.

Les voyages me charment autant que quoi que ce
soit. J'aime trop l'exercice pour habiter longtemps des
lieux trop resserrés. Je ne voyage pas aussi souvent
que je le voudrais ; tant que je serai riche, je passerai
ma vie à voyager, non pas tant pour voir des pays inconnus, que pour accoutumer mon corps à un exercice
salutaire. Mon ami, vous n'êtes pas assez sage pour
sortir avec moi ; vous remplissez trop mal vos devoirs
pour que je vous permette d'aller jouer. Autant que
je puis croire, l'automne sera long et beau ; il nous
promet autant de fruits que nos greniers pourront en
contenir. Autant j'ai rendu de services, autant j'ai fait
d'ingrats ; néanmoins, tant que l'occasion se présen-
tera, je pratiquerai la charité.

1

II.

Menacer. Priver de. Importer à. Qu'importe que... ou que. Qu'importe que... ou non. Se mettre en peine de, ou que. Partout où... Commander, conseiller. Impératifs.

Un tyran menaçait un philosophe de le faire mourir et de le priver de sépulture. Tu es bien insensé, lui répliqua celui-ci, si tu crois que je me soucie beaucoup de pourrir sur la terre ou dessous. Que m'importe que tu enterres mon corps, ou non? Que m'importe d'être rongé par les vers ou dévoré par les oiseaux? Je me mets peu en peine que tu m'enterres ou que tu me jettes à la voirie; pourvu que j'aie bien vécu, mon corps sera bien partout où il se trouvera. Soyez sobre: je ne vous commande pas de refuser à la nature le nécessaire; mais je vous conseille de ne faire aucun excès. En toutes choses voyez la fin, et laissez le superflu.

III.

Do, verto, tribuo. Ablatif absolu. Eo in Galliam. Pour, devant un infinitif. Peu s'en faut, etc. A peine... que. Pour, suivi d'un infinitif. Si dubitatif. Ne faire que. Nom de cause, nom d'instrument. Son, sa, ses, au commencement d'une phrase. Ne pas manquer de. Que, retranché. Sans, suivi d'un infinitif. Voir, suivi d'un infinitif.

Je vous fais un crime d'ignorer l'histoire d'Orphée et d'Eurydice son épouse. Celle-ci étant morte, Orphée descendit aux enfers pour la redemander. Il ne tint à rien qu'il ne ramenât avec lui sa chère Eurydice; mais à peine eut-il tourné la tête pour voir si elle le suivait, qu'elle disparut. Depuis ce temps-là, Orphée ne fit que répandre des larmes. Peut s'en fallut même qu'il ne pérît de douleur et de faim. Sa solitude volontaire et sa tristesse profonde firent croire aux femmes qu'elles étaient dédaignées. Aussi ne manquèrent-elles pas de conspirer contre le malheureux Orphée. On dit qu'il fut mis en pièces par les bacchantes, qui ne purent, sans se venger, le voir préférer la compagnie des êtres insensibles à celle des femmes.

IV.

Adverbes de quantité. Syntaxe des conjonctions. *Si* conditionnel. Nom de manière. Adverbes avec les verbes de prix ou d'estime, avec les verbes d'excellence. Quotusquisque. Un seul régime pour deux verbes régissant des cas différents. *Combien* avec un adjectif. *Combien* entre deux verbes. *Voir* suivi d'un infinitif. *Combien* avec un verbe de prix. Question Quando. *Que* ou *combien* devant un adverbe.

Qu'il y a de gens intéressés dans le monde! Que vous êtes ignorant, bien que vous pussiez, si vous le vouliez, surpasser tous vos condisciples en science et en vertu! Que de malheurs il vous faudra supporter, si vous ne changez pas de conduite! Combien j'aime et j'estime les jeunes gens vertueux! Combien votre frère l'emporte sur vous par son application! Combien y en a-t-il qui vous aiment! Tout le monde devrait vous rechercher et vous estimer! Vous n'ignorez pas assurément combien l'étude vous est nécessaire, et cependant je voudrais vous voir vous appliquer davantage à vos devoirs. Je ne sais combien votre père a acheté les livres qu'il vous a donnés le mois dernier, mais que vous les lisez rarement!

V.

Plus t *moins* répété. *Enseigner*, au passif. *D'autant plus...
que. Autant... que* avec verbes de régimes différents.

Nous savons tous que plus une personne est riche, plus elle désire de l'être. Plus vous serez studieux étant jeune, plus vous aimerez le travail étant vieux. Moins on est riche, moins on est intéressé. Plus on est attaché aux biens de ce monde, moins on songe à ceux de l'autre vie. Nul n'ignore que plus Alexandre combattait, plus il désirait combattre. Plus vous aimerez le travail, plus vous deviendrez soigneux d'étudier les sciences que l'on vous enseigne. Les maux qu'enduront les pécheurs après leur mort seront d'autant plus grands que leurs crimes auront été plus odieux aux yeux des hommes. Je possède deux amis intimes que j'estime autant que je les chéris.

VI.

Sur *Même.*

L'Europe n'est plus la même qu'elle était autrefois. Les peuples n'ont plus les mêmes coutumes ni les mêmes opinions. Ni les Français, ni les Allemands, ni les Italiens, ne se servent plus des mêmes armes que leurs ancêtres. Ils n'ont, pour la plupart, ni les mêmes lois ni la même religion. On trouve pareillement bien des gens qui habitent les mêmes villes, et qui n'ont point les mêmes idées, qui ne parlent point la même langue. Les Romains, de nos jours, ne jouissent pas d'une aussi grande renommée de valeur qu'autrefois : ce ne sont plus les mêmes soldats qui subjuguèrent l'univers. Peu de nations peuvent se glorifier des mêmes avantages que le peuple français.

VII.

Sur *Autre*.

Les Romains et les Carthaginois se firent longtemps la guerre les uns aux autres. Les uns prétendaient à l'empire du monde, et les autres ne voulaient reconnaître aucun maître. Je ne sais lequel de ces deux peuples fut plus brave que l'autre. L'un avait des soldats aguerris et des généraux habiles, l'autre entretenait des armées nombreuses. Ils se montrèrent souvent l'un et l'autre bien différents de ce qu'il convient à des nations généreuses de se montrer. Quand l'un disait oui, l'autre ne manquait pas de dire non, et toujours avec mauvaise foi. Presque toujours leurs ambassadeurs parlaient autrement qu'ils ne pensaient. Après la défaite de Cannes, tout autre que le peuple romain eût mis bas les armes.

VIII.

Phrases sur *Tel; tel... que; Tel* répété; *tel... qui.*

Tel monarque, tels sujets : cette vérité est telle, qu'on ne peut la révoquer en doute. Les Français n'ont pas toujours été tels que nous. Plusieurs étaient quelquefois tels, qu'ils tremblaient même en entendant le récit d'une bataille. Qui n'eût pas méprisé de tels hommes? Tel aujourd'hui cultive son champ, qui marchera demain intrépidement à l'ennemi. En général, le soldat français est tel, qu'il aime à braver les périls quand l'occasion se présente. Tel est, de nos jours, le monarque qui nous gouverne : sa sagesse et son humanité sont telles, qu'elles lui concilient l'estime et l'affection de tous ses sujets.

IX.

Avidus laudum. Gloriari bonis alienis. *Avoir besoin.* Doceo pueros grammaticam. Fruor otio. *Accuser, condamner,* etc. Habeo te virum bonum. Hic liber est meus.

Les richesses dont les hommes sont avides, les honneurs dont ils se glorifient, sont exposés au caprice de la fortune. La vertu seule est un bien précieux et durable. Elle fournit aux malheureux les consolations dont ils ont besoin. Elle enseigne aux riches la modération dont ils doivent user dans la prospérité. Socrate, dans les fers, s'entretenant avec ses amis, était plus grand que les juges qui le condamnaient à mort. Cyrus regardait la libéralité comme une vertu vraiment royale, et il se trouvait heureux lorsqu'il pouvait accorder quelque grâce. « J'ai de grandes richesses, disait-il à ses courtisans, mais elles ne vous appartiennent pas moins qu'à moi. »

X.

Poenitet, pudet, etc. *Tel que. Autant que. Après* suivi d'un infinitif. Question quando. Verbes d'abondance.

Athènes se repentit d'avoir exilé Thémistocle; mais elle rencontra en Cimon, fils de Miltiade, un capitaine égal à Thémistocle lui-même. Ses exploits furent tels, qu'il rabaissa la puissance du roi de Perse autant que l'avait fait ce dernier. Après avoir détruit la flotte des Perses, il vainquit le même jour leur armée sur terre. Alors Artaxerxe osa proposer à Thémistocle, qu'il avait comblé de bienfaits, de combattre contre sa patrie. Mais celui-ci, pour se soustraire à cette nécessité, prit le parti de se donner la mort.

XI.

Pertinet, attinet, spectat. Ordonner, défendre.

Les lois regardent tous les hommes, les pauvres et les riches, les grands et les petits : les unes concernent le repos et la tranquillité publique, les autres l'intérêt de chacun en particulier. La loi naturelle, qui tend au bonheur de tous les hommes, est le principe et le fondement de toutes les lois humaines. Elle nous ordonne de conserver ce qui nous appartient, et nous défend de prendre ce qui appartient aux autres. Cette loi est innée en nous ; elle regarde non-seulement nos paroles et nos actions, mais encore nos pensées. Elle proscrit les crimes secrets comme les crimes publics, et condamne la volonté comme le fait.

XII.

De pour que devant un verbe. Condamner, accuser, convaincre. Délivrer, absoudre.

Phocion, qui était le plus vertueux citoyen d'Athènes, fut accusé d'avoir trahi la république, et condamné à mort avec tous ses amis, qui avaient été accusés du même crime. Démosthène fut accusé d'avoir reçu une coupe d'or d'Alexandre, et condamné à sortir de l'Attique. Longtemps auparavant ils avaient accusé Miltiade d'avoir eu des intelligences avec le roi des Perses, et les Athéniens l'avaient condamné à mort. Les accusateurs de ce grand homme furent convaincus de calomnie, et il fut absous de ce crime capital ; mais il fut condamné à une grosse amende. Comme il ne put la payer, il mourut dans les fers.

XIII

DEUS AMAT VIRUM BONUM, ILLIQUE FAVET. POENITET, PUDET, MISERET. VIRTUTE PRÆDITUS.

Sachez-le bien, mon fils : qui honore et sert Dieu, est chéri de ses maîtres et de ses parents. J'estimerai et je favoriserai toujours ce jeune homme, quand il suivra l'exemple de son respectable père. Il me demande souvent des livres pour lire et étudier l'histoire de l'ancienne Grèce. Pollion, l'un des plus grands orateurs de son siècle, ne voulut jamais ni louer ni flatter Auguste. Diogène le Cynique n'eut jamais honte de sa pauvreté. Alexandre dit-on, eut un jour pitié de l'extrême misère de ce philosophe, et lui offrit des secours : « Je rougirais, répondit celui-ci, de les accepter ; et tout autre rougirait comme moi, si, à mon exemple, il savait vivre content de sa besace et de son manteau. »

XIV.

REFERT. *De* pour *que* devant un verbe. DOCEO. PERTINET. STUDEO. *Qu'importe de… ou non?* DIGNUS LAUDE. BLANDIRI, MINARI, etc. FUNGOR OFFICIO.

S'il m'importe de vous enseigner ce qui regarde Rome et la Grèce, il vous importe aussi d'étudier constamment les mœurs et les lois de ces grandes républiques. Qu'importe à l'homme vraiment vertueux d'être estimé ou non du vulgaire? Il se met peu en peine d'obtenir ou non l'estime des hommes, mais il fait en sorte de s'en rendre digne par sa conduite. Il ne flatte personne, personne ne le flatte. Il fait en sorte de bien remplir ses devoirs, de rendre ce qu'il doit à Dieu, au prince et à la patrie. Il ressemble à Caton, qui était vertueux,

mais qui se mettait peu en peine de le paraître. On sait,
en effet, que ce grand homme se mettait moins en
peine de plaire aux autres, que de se plaire à lui-même.

XV.

Importer, avoir intérêt. Poenitet, pudet, etc. Sua eum perdet
nequitia. *Tel... que.*

Je m'étonne que des élèves qui ont le plus grand intérêt à faire des progrès dans l'étude des belles-lettres,
montrent si peu d'ardeur. Rarement un jeune homme
qui n'a pas honte de mal faire contente ses maîtres.
Punissez qui le mérite; pour moi, je ne suis pas coupable. Récompensez qui vous voudrez, néanmoins je
croyais avoir mérité une récompense. La paresse et l'in-
souciance de cet écolier le rendent haïssable aux yeux
de tout le monde; cependant son esprit pourrait le
rendre estimable. Il n'est pas tel qu'il avait coutume
de se montrer autrefois; bien différent de sa sœur, qui
est toujours telle que vous l'avez connue. Telle est,
comme vous le savez, sa modestie, jointe à son application, qu'elle se fait chérir de tous ceux qui la connaissent.

XVI.

Verbes déponents au passif en français. Question quò. *Pour ne*
s'exprimant pas dans *passer pour... Qui* interrogatif. *Tant,*
tellement... que. Verbes neutres au passif en français. *Tel, si*
grand... que. Craindre de. Tel répété.

Les Scythes, poursuivis par Alexandre jusqu'au milieu des rochers et des bois qu'ils habitaient, dirent à
ce conquérant, qui voulait passer pour le fils de Jupiter
Ammon : « Tu n'es pas un dieu, puisque tu fais du mal

aux hommes. » Qui n'admirerait pas de telles paroles?
Qui ne blâmerait l'ambition d'un tel prince? Il était
tellement enflé de ses succès, il se croyait tellement favorisé
de la fortune, qu'il voulait soumettre tout l'univers.
Il avait répandu une telle alarme parmi les peuples,
qu'ils craignaient de prendre les armes pour se
défendre. Tel était Alexandre, tels étaient les Macédoniens
qu'il commandait.

XVII.

Pour devant un infinitif. *Qui* relatif. Verbes suivis d'un infinitif.
Question QUÒ. Question UBI.

Les anciens philosophes étaient dans l'usage de voyager
pour connaître les mœurs des nations. Les Romains
qui voulaient apprendre les lettres allaient dans les
principales villes de la Grèce et surtout à Athènes. Cicéron
y alla pour se perfectionner dans les lettres
grecques; et il y était très-versé quand il revint à Rome.
Thalès, qui fut mis au nombre des sept sages de la
Grèce, alla d'abord à Athènes, et partit ensuite pour
l'Égypte, où il acquit des connaissances précieuses. Il
apprit dans ses voyages la géométrie et l'astronomie,
et rapporta dans sa patrie le fruit de ses études et de
ses méditations.

XVIII.

Superlatifs. *S'étonner si.*

L'empire romain, qui fut d'abord le moindre de tous
les empires, devint dans la suite le plus grand de tous.
Rome devint la ville la plus célèbre de l'univers. Romulus,
qui en jeta les premiers fondements, employa
le plus d'industrie et le plus d'adresse qu'il put pour

la peupler. Il y établit les meilleurs règlements qu'il put inventer. Comme l'art militaire était celui que ce prince estimait le plus, et dont il avait le plus besoin pour augmenter ses États, il commença par lever le plus de troupes qu'il put; il les aguerrit ensuite en les exerçant, et établit parmi elles la meilleure discipline qu'il lui fut possible. Avec cette conduite, il ne faut pas s'étonner s'il fut bientôt capable, je ne dirai pas de se défendre contre ses voisins, mais même de leur faire la loi.

XIX.

Participes passés passifs. *Sans* devant un infinitif. Participes passé et présent actifs. *Menacer de...*

La Phénicie et la Syrie ayant été conquises, Alexandre, sans perdre de temps, marcha contre la ville de Tyr avec son armée. Les Tyriens lui ayant envoyé des députés, il les accueillit fort bien. Mais comme il voulait entrer dans leur ville, pour s'acquitter, disait-il, d'un vœu qu'il avait fait à Hercule, les députés, qui soupçonnaient ses desseins, lui en refusèrent l'entrée. Alors, ne pouvant contenir sa colère, Alexandre les menaça de ruiner entièrement leur ville. Les Tyriens, de leur côté, excités par les Carthaginois, et encouragés par l'exemple de la reine Didon, qui, ayant fondé Carthage, avait soumis l'Afrique à son empire, se disposèrent à repousser la force par la force. Sept mois après, la ville ayant été prise, les Macédoniens y entrèrent et mirent tout à feu et à sang. On saisit les principaux de la ville, et on les attacha sur la croix.

XX.

Pas de règles spéciales pour cet exercice.

Lorsqu'un homme de bien a promis un bon office à son ami, il le lui rend; mais s'il s'agit de manquer aux lois de l'honneur, il ne le fait jamais. Les plus beaux exemples de dévouement se trouvent dans l'histoire ancienne; et nous devons sans cesse admirer les grands hommes qui se distinguèrent chez les Romains. Les hommes médiocres et les petits esprits aiment à se louer, tandis que la modestie se trouve dans l'homme de mérite. Lorsque l'orgueil et la présomption se sont glissés dans l'âme d'un sot, en vain la vérité voudrait faire entendre sa voix. Il essuie continuellement des humiliations et des plaisanteries, mais il ne s'en affecte nullement, et surtout il n'en devient ni plus modeste ni plus sage.

XXI.

Lequel des deux avec un comparatif. Facile dictu. *Chacun des deux*. *Qui* interrogatif, soit sujet, soit complément du verbe.

Lequel des deux fut le plus grand poëte de Virgile ou d'Homère? Lequel des deux fut le plus habile capitaine de César ou d'Alexandre? Ces questions sont difficiles à résoudre. Chacun de ces grands hommes est difficile à apprécier. Qui n'a pas lu les harangues de Démosthène? Qui n'admire pas le génie sublime de cet orateur? Qui préférerions-nous à celui qui nous a laissé de si beaux modèles d'éloquence? Pourrions-nous lui refuser l'estime et la vénération qu'il obtint de tous les peuples de la Grèce? Qui rendit jamais plus de services à sa patrie, et dans des circonstances plus difficiles? Qui fit mieux que lui aimer la vertu?

XXII.

Pour peu que. Bien loin de. Craindre que. Avoir sujet de. Avoir la gloire de. Exciter, engager à devant un infinitif. Question QUANDIU.

Le caractère se fait connaître ordinairement de bonne heure. Pour peu qu'on examine un jeune homme, il n'est pas difficile de deviner ce qu'il sera un jour. L'ambition d'Alexandre parut dès ses premières années. Les victoires de Philippe, son père, bien loin de lui causer de la joie, lui faisaient verser des larmes. Il craignait, disait-il, qu'il ne lui restât plus de peuples à vaincre et de royaumes à conquérir. Quelqu'un lui dit qu'il n'avait pas lieu de s'affliger, puisque les provinces que subjuguait son père seraient un jour soumises à sa domination : « Il est vrai, répondit-il ; mais je n'aurai pas la gloire de les avoir conquises. » Son père voulut un jour l'engager à disputer la victoire aux jeux Olympiques ; mais il lui dit qu'il dédaignerait toujours ces couronnes, tant qu'il n'aurait pas des rois pour rivaux.

XXIII.

Quel interrogatif. *Engager, exhorter à. Condamner.*

Quel homme, s'il n'a de bonnes mœurs, est capable d'actions grandes et généreuses ? Aristide peut être regardé comme un des plus grands hommes de la Grèce. Quelle probité et quel désintéressement il montrait dans toutes ses actions ! Quels talents et quelle expérience il avait dans l'art militaire et dans l'administration des deniers publics ! Il aimait à rendre service à ses amis ; mais il ne leur accorda jamais rien aux dépens de la justice. Il donnait à ses concitoyens l'exemple de toutes les vertus, et les exhortait sans cesse à la justice et à la modération. Cependant il fut condamné à l'exil et banni de sa patrie; mais la postérité l'a vengé d'un outrage qu'il ne méritait pas.

XXIV.

Régimes des adjectifs. Poenitet, pudet. Verbes de prix et d'estime. Est boni ducis milites in officio coercere. Fungor officio.

Le jeu et les plaisirs, que les jeunes gens cherchent avec passion, sont des délassements nécessaires après le travail. Mais souvent il en abusent, et négligent les devoirs et les leçons qui leur ont été donnés. Ceux qui ne sentent point les chagrins et les peines qu'ils causent à leurs parents, ne méritent aucune indulgence; mais ceux qui sont reconnaissants des soins et des conseils qu'ils reçoivent, sont dignes de notre affection. La vigilance et le travail, qui sont utiles à tous les hommes, sont nécessaires aux enfants. La jeunesse lacédémonienne était accoutumée à l'exercice et à la patience. Aussi la république de Sparte fournit une foule de héros que nous admirons encore aujourd'hui. J'abhorre un jeune homme qui se fâche et s'ennuie de l'étude; mais je fais le plus grand cas de celui qui a honte et se repent de ses fautes. Il est d'un enfant bien né de se montrer généreux. Cyrus, enfant, aimait à distribuer des récompenses à ceux qui s'acquittaient fidèlement de leurs devoirs.

XXV.

Avoir besoin. C'est à moi, c'est à vous de... (Il y a peu de règles spéciales dans ce devoir.)

Lorsque je vous ai dit quelque chose du grand Cyrus, les vertus de son jeune âge ont peut-être paru exagérées à quelques-uns d'entre vous. Mais que ceux-là jettent les yeux sur Henri IV, et qu'ils ne doutent plus de la force d'âme que les jeunes gens peuvent avoir. Henri IV a été élevé comme Cyrus. Il a méprisé les plaisirs ; il a aimé la discipline, et s'est adonné à tous les exercices de l'esprit et du corps. Presque simple particulier, il a été obligé de faire la conquête de ses propres États ; et, vainqueur de ses sujets rebelles aussi bien que des ennemis du dehors, il a rendu son empire plus puissant et plus florissant qu'aucun autre. Il a eu besoin de beaucoup de talents, et a eu à supporter de grandes fatigues. C'est à vous de profiter de l'exemple que vous a donné ce prince, en vous efforçant d'honorer le nom français qu'il a rendu respectable dans tout l'univers.

XXVI.

Refert, interest. *Empêcher, défendre.*

Il est de l'intérêt d'un prince de bien gouverner, et de rendre son peuple heureux ; mais il importe aux sujets d'obéir aux ordres du prince, et de lui payer les tributs. Le prince a intérêt d'avoir soin que la paix et la tranquillité règnent dans ses États, et il importe au bonheur des sujets de ne pas la troubler ; au contraire, il est de leur intérêt de la maintenir et de la défendre. Le prince a un grand intérêt de faire des lois justes et équitables, de punir le vice et de récompenser la vertu. Il est de notre devoir à tous de faire ce qu'elles nous ordonnent, et d'empêcher qu'on ne fasse ce qu'elles défendent. Il importe à chacun de nous de se montrer docile et obéissant à ceux qui nous commandent, et de suivre leurs conseils.

XXVII.

Qui interrogatif; le même avec REFERT, POENITET, PUDET, etc.

Antoine avait tenu des propos calomnieux contre les principaux citoyens de la république. Qui lui répondit ? Cicéron. Qui a fait connaître cet infâme triumvir à la postérité ? le même Cicéron. A qui appartenait-il de défendre la république ? à Cicéron consul. A qui importait-il de repousser les injustices d'Antoine ? à tous les citoyens honnêtes. Qui a intérêt d'étudier les discours que Cicéron prononça contre lui ? vous tous. Quels écoliers se repentiront de ne les avoir pas lus ? ceux qui méprisent nos conseils, et qui préfèrent le jeu à l'étude. Qui eut pitié du triumvir, quand il fut défait à la bataille d'Actium ? personne. Qui se réjouit de sa mort ? tous ceux qu'il avait persécutés.

XXVIII.

Demander à. En. Assez de. Question de lieu.

Une ville grecque demanda un jour une statue à un artiste célèbre, et lui laissa le choix du sujet. « Je ne ferai point un athlète, dit-il : la Grèce en compte assez ; et je préfère la vertu à la force. Je ne ferai point un guerrier : ce mérite est commun ; et des milliers d'hommes meurent tous les ans pour leur patrie. Je ne ferai aucun de vos anciens tyrans : je briserais plutôt leurs images. Je pourrais représenter quelqu'un de vos dieux : mais vous en avez une foule dans vos temples ; et pour contempler la divinité, au défaut des statues, n'avez-vous pas les cieux ? » Alors le peuple l'interrompit : « Statuaire, que feras-tu donc ? — Ce qu'il y a jamais eu de plus rare sur la terre : un homme qui meurt pour la vérité. » Et il fit Socrate mourant.

XXIX

Quelque... que devant des adjectifs et des participes. *Quel, quelle... que.*

Quelque heureux que vous soyez, vous serez exposé à bien des chagrins, si vous cessez un instant d'écouter les conseils de la sagesse et de la raison. Quelque dessein que vous formiez, quelques efforts que vous fassiez, vous éviterez difficilement les piéges qu'on tend de toutes parts à l'innocence. Quels que soient vos biens, quelque puissant que vous soyez, quel que soit le crédit de vos amis, soyez sage et modéré dans vos désirs, et soyez constamment en garde contre vos passions. Quelque studieux que vous soyez, quelle que soit votre application, vous n'arriverez jamais à la connaissance de toutes les sciences : la vie entière d'un homme suffit à peine pour en effleurer quelques-unes.

XXX.

Douter, se douter. Douter si. Douter que. Qui pourrait douter ?
Ne pas craindre.

Les historiens doutent si Tibère fut plus cruel que Caligula; mais personne ne doute qu'ils n'aient été l'un et l'autre des tyrans exécrables. Les Romains pouvaient-ils se douter que le second retracerait les cruautés du premier ? En effet, au commencement de son règne, il annonça des jours fortunés; mais bientôt il ne craignit pas de se montrer aussi lâche que féroce et insensé. Comme il se doutait que le peuple était irrité contre lui, il vivait dans des alarmes continuelles. Hé! qui pourrait douter qu'il n'eût dans le fait tout à craindre, lorsque chaque citoyen pouvait attenter à ses jours ? Il se doutait bien qu'on était las de sa tyrannie.

XXXI.

Dignus laude. Fauor otio. *Mériter de; mériter que. Loin de suivi d'un infinitif.*

Virgile fut digne de chanter Auguste, et de transmettre la gloire de ce prince à la postérité. La renommée dont il jouissait le rendit digne de paraître à la cour de ce prince, et d'y recevoir les récompenses qu'il avait su mériter par ses vers. Il employa douze ans à composer son *Énéide*. Cependant, comme il ne jugeait pas ce poëme digne de passer à la postérité, il voulut, en mourant, le livrer aux flammes; mais Auguste s'y opposa, jugeant bien que cet ouvrage, loin de mériter d'être brûlé, serait le plus beau monument de son siècle. Le poëte méritait bien que le prince conservât avec soin un poëme digne d'instruire et de charmer les nations.

XXXII.

Quelque... que. Quelque... qui. Quel, quelle que.

Tous les citoyens, quels qu'ils soient, doivent consacrer à leur patrie leurs biens et leurs talents. En quelque état qu'ils se trouvent, ils doivent se considérer comme des soldats en faction, obligés de voler à son secours, quel que soit le danger qui la menace. Ainsi, quelque emploi qui nous ait été confié, c'est à nous de remplir scrupuleusement nos devoirs. C'est à nous d'imiter les grands hommes, quelles que soient les vertus qui les ont illustrés, et quelques périls qu'ils aient bravés. Du reste, quelle que soit notre fortune, quelque crédit que nous ayons, soyons modérés dans nos désirs et constamment en garde contre nos passions.

XXXIII.

Combien devant des adjectifs. *Que* ou *combien de*. *Tant de*.
Verbes de régimes différents. Hoc est mihi dolori. *Tout le
monde*. *Un peu* devant un verbe.

Combien cet orateur est éloquent ! Que de livres n'a-
t-il pas lus pour acquérir d'aussi vastes connaissances !
que de difficultés n'a-t-il pas vaincues pour apprendre
tant de choses! que de savants n'a-t-il pas fréquentés
pour devenir si habile ! Combien il est aimé et estimé !
avec quel intérêt sa société est recherchée et ses conseils
suivis de tout le monde ! Sa santé est un peu altérée
par les longues veilles qu'il a consacrées à l'étude. S'il
venait à mourir, ce qu'à Dieu ne plaise, ce serait un
sujet d'affliction pour tous ceux qui ont goûté le plaisir
de l'entendre, et su apprécier un talent qu'il n'est pas
donné à tout le monde de posséder.

XXXIV.

Questions de lieu. Questions de temps. *Inspirer désir* ou *crainte*.
Passer pour. *Exceller*.

Les deux voyageurs qui sont arrivés de Rome nous
ont beaucoup parlé de l'Italie, et nous ont inspiré le
désir d'y aller au printemps prochain. La terre y est
fertile, et produit abondamment toutes sortes de fruits
excellents. Les habitants passent pour aimer beaucoup l'oisiveté et très-peu la profession des armes. Ils
excellent dans l'étude des beaux-arts, et les merveilles
que l'Italie offre en ce genre y attirent une foule
d'étrangers. Après un séjour de trois mois, nous revien-
drons en passant par Milan et Florence, villes grandes
et fort peuplées, et par Mantoue, où s'élève un obé-

lisque en l'honneur de Virgile, au milieu d'un bois de chênes, de myrtes et de lauriers, qui lui est consacré.

XXXV.

Lorsque. Si. Vu ou attendu que. Pourvu que. Afin que. Aussitôt que. Mortem minari alicui.

Lorsque la vertu était en honneur à Rome, les citoyens vivaient heureux ; mais lorsque la cupidité envahissait tous les ordres de la société, les plus grands maux menaçaient la république. Si les gens sages avaient voulu remédier aux malheurs publics, les méchants s'y seraient opposés, attendu qu'ils en profitaient et qu'ils étaient contents, pourvu qu'ils jouissent de toute licence. Afin que la république fût heureuse, il fallait, disait Caton, réprimer l'ambition et le luxe. Mais aussitôt qu'il voulait sévir contre ces vices, des ambitieux et des gens passionnés pour le luxe le menaçaient de toutes sortes de persécutions.

XXXVI.

Comparatifs. Beaucoup. Assez… pour. Condamner. Qui croirait que? Engager, exhorter à. Trop… pour. Prêt à.

En quel lieu du monde fut jamais un homme plus corrompu qu'Antoine? Après avoir fait beaucoup de bassesses et de cruautés, il fut assez audacieux pour s'emparer des biens du grand Pompée. Mais César le condamna à en payer le prix. Après la mort de ce dernier, qui croirait qu'il osa lui-même haranguer la multitude, pour l'engager à venger le meurtre commis sur la personne du dictateur? Cependant il fut assez éloquent pour émouvoir la sensibilité du peuple, et, à sa voix, les citoyens s'armèrent les uns contre les autres. Alors, parvenu à la souveraine autorité, il cimenta sa puissance par le meurtre des bons citoyens. Mais, trop lâche pour régner longtemps, il vit bientôt Auguste, son ami et son rival, prêt à le dépouiller d'un bonheur qu'il ne méritait pas.

XXXVII.

Questions de lieu. Questions de temps. Comparatifs.
Beaucoup de.

J'ai formé le dessein d'aller vous voir la semaine prochaine. Mais je ne sais quel jour et à quelle heure je le pourrai. Cependant, si vous voulez venir au-devant de moi, vous me trouverez sûrement à la maison de notre ami, qui est à deux lieues de la ville : je prendrai cette route à cause de lui, quoiqu'elle soit plus longue que l'autre. Le lendemain de mon arrivée, nous irons ensemble visiter le magistrat dont la maison n'est éloignée que de quelques milles de la vôtre. Où trouver un homme plus habile et plus expérimenté que lui? nulle part assurément : car il joint à beaucoup de connaissances beaucoup de jugement et de sagacité.

XXXVIII.

Fort peu de. Aussi ou *autant... que. Autant de... que de.* Superlatifs : *le plus, le moins... que. Assez, pas assez. Autant que* avec des verbes de régimes différents. *Plus de... que de. Autant que* avec des verbes d'excellence. Nom de manière. Opus est.

Comme vous lisez fort peu de livres, je ne sais si vous avez lu l'histoire d'Alcibiade, laquelle est aussi belle qu'utile à connaître. Ce jeune Grec, dont je vous ai parlé quelquefois, avait autant de vices que de vertus. C'était le jeune homme le plus aimable que la Grèce eût jamais produit ; mais il ne profita pas assez des leçons de Socrate, son maître. Nous aimons les jeunes gens autant que nous les estimons et favorisons, quand ils possèdent plus de qualités excellentes que de défauts essentiels ; mais la jeunesse l'emporte autant en légèreté sur nous, que nous l'emportons sur elle en expérience : aussi a-t-elle besoin d'écouter les avis de la sagesse.

XXXIX.

Trop devant un adverbe. *Son, sa, ses*. POENITET, PUDET.

Trop souvent l'homme cherche les moyens de satisfaire ses passions. Son funeste orgueil l'entraîne au crime. Il pourrait vivre heureux, mais son ambition fut et sera toujours la cause de ses malheurs. L'homme que ses passions rendent coupable, doit implorer sans cesse la miséricorde divine. Quel père peut jamais être comparé à l'auteur de la nature ? Sa bonté égale sa puissance. Il suspend longtemps sa vengeance, mais il est à la fin obligé de punir. Prions-le donc de nous accorder sa protection. Celui qui n'a pas honte d'oublier ou de négliger son créateur, mérite les maux qu'il souffre. Son sort ne peut exciter la compassion de personne.

XL.

Verbe d'excellence et nom de manière. Nom de matière. Nom de mesure. Questions de lieu. Questions de temps.

Babylone l'emportait sur toutes les villes de l'Asie en grandeur et en beauté. Ses remparts étaient de brique et cimentés de bitume ; ils étaient larges de trente-deux pieds et hauts de cent coudées. Son pont de pierre était compté parmi les merveilles de l'Orient. Au-dessus de la citadelle on voyait des jardins suspendus qui étaient agréablement ombragés par une quantité d'arbres très-grands. Nabuchodonosor, qui enleva tous les vases d'or et d'argent du temple de Jérusalem, avait, dit-on, bâti ces jardins. Ce prince, après s'être rendu maître de l'Asie, avait ordonné qu'une statue d'or, haute de soixante coudées, lui fût élevée. Enfin il mourut l'an 563 avant la naissance de Jésus-Christ, si l'on en croit quelques historiens. Il y avait quarante-trois ans qu'il régnait.

<h2 style="text-align:center">XLI.</h2>

UNUS EX ILLIS OU INTER ILLOS. *Appartenir à. Quelque... qui. Le plus... que vous pourrez. Quelque... que* avec un substantif. *Bien autrement que. L'un et l'autre. Moins* avec un adjectif. *Quelque... que* avec un adjectif.

Pittacus, l'un des sept sages de la Grèce, a dit : Il ne faut offenser personne ; il ne faut pas médire, même de ses ennemis. Cette maxime n'appartient pas moins à un chrétien qu'à un philosophe de l'antiquité. Il a dit encore : Quelques malheurs qui vous arrivent, supportez-les le plus courageusement que vous pourrez ; quelque confiance que vos amis vous inspirent, éprouvez leur fidélité quand la fortune vous abandonne. L'homme ivre qui a péché doit être puni bien autrement que celui qui a commis une faute étant à jeun : l'un et l'autre sont coupables, mais le premier est moins excusable que le second. Quelque généreux que soient vos desseins, il faut les céler à votre ennemi, afin que, s'ils échouent, vous ne soyez pas raillé par lui.

XLII.

Autant de. Il ne tient pas à moi. Délivrer de. Il n'importe pas que... ou... Douter que. Ne pas craindre de. Attendre que... pour... Je parais me repentir.

L'impunité du crime est cause que nous voyons autant d'hommes coupables. Si j'étais législateur, il ne tiendrait pas à moi que la terre ne fût purgée de tous les méchants. Il ne m'importerait pas qu'un homme fût riche ou pauvre; les lois le frapperaient s'il méritait d'être puni. Je doute qu'un magistrat doive user de clémence envers les méchants qui ne craignent pas de troubler la société. Il ne doit pas attendre que le coupable se rende digne deux fois du même châtiment, pour punir son audace. Les scélérats ne méritent nullement que nous ayons compassion d'eux; ils paraissent rarement se repentir d'avoir commis leurs forfaits.

XLIII.

Son, sa, ses. Quel que.

Quel homme ne connaît pas César, que son ambition rendit le plus malheureux des citoyens romains? Alexandre et César, que leur orgueil perdit, peuvent être regardés comme de vrais tyrans. Leur domination insupportable a fait mourir une foule immense de citoyens. Alexandre était dur envers ses soldats, cependant ses soldats paraissaient l'aimer. L'espoir seul du butin que leur roi leur promettait les conduisait à la victoire. Qui ne plaint le sort des peuples que leur chef ambitieux traite aussi durement? Leur cupidité leur devint funeste à l'un et à l'autre. Leurs triomphes, quels qu'ils soient, sont au-dessous d'une seule bonne action.

XLIV.

S**TUDEO**. D**OCEO** , **DOCEOR**. P**OENITET** (*se repentir de* suivi d'un
verbe). *Ne pouvoir pas ne pas... Conseiller de.* Verbes de
régimes différents, n'en ayant qu'un seul en français. *Il ne
tient qu'à moi de... Empêcher. Défendre. Je commence à me
repentir.*

Croyez que les jeunes gens qui n'étudient pas l'his
toire, qu'on leur enseigne, se repentiront un jour d'avoir
négligé l'étude de cette science ; ils ne pourront pas ne
pas regretter les heures précieuses qu'ils perdent tous
les jours. Nous leur conseillons en vain de lire et d'étudier l'histoire romaine ; en vain nous leur disons qu'elle
est très-nécessaire, à ceux principalement à qui l'on
enseigne la langue latine. Il n'aura tenu qu'à eux de
faire des progrès. Leur paresse seule aura été cause
qu'ils n'auront rien appris de ce qu'on leur a enseigné.
Rien ne les empêche de travailler encore ; on leur défend de rien faire qui puisse les détourner de l'étude.
Qu'ils commencent donc à se repentir de leur coupable
indolence !

XLV.

Questions de lieu. Questions de temps. *Un des plus. Le mieux.*

Mon fils, qui a longtemps demeuré à Paris chez son
oncle, ira en Italie dans deux ans. De là il se rendra di-
rectement à Constantinople, qui est une des plus grandes
villes de l'Europe et la mieux située. Quoiqu'elle soit su-
jette aux incendies et à la peste, elle est très-peuplée. Dès
qu'il sera arrivé dans cette ville, il ira chez l'ambassadeur
de France, à qui il a été recommandé par plusieurs personnes d'une grande considération. Il est charmé d'aller
dans la Grèce, où il verra les ruines d'Athènes et de

Sparte. Enfin, il reviendra en France chez son père, après tous ses voyages. Il y a deux ans qu'il cherche à connaître les pays qu'il doit parcourir, et les villes qu'il doit visiter.

XLVI.

Questions de lieu. Donner avis de ; être informé de... par. Tant que (question QUANDIU *). Envoyer quelqu'un pour... Demander quelque chose à quelqu'un. Permettre de. Dès que.*

Lorsque Annibal était en Asie, à la cour du roi Prusias, le consul Flaminius en fut informé par les ambassadeurs de ce prince, qui étaient à Rome ; il en donna lui-même avis au sénat, qui, ne se croyant point en sûreté tant que vivrait Annibal, envoya aussitôt des députés pour le demander au roi de Bithynie. Ce prince ne voulut point le leur livrer ; mais il leur permit de le saisir dans le lieu où il s'était renfermé. Il occupait alors un château qu'il avait reçu du roi, et où, craignant une surprise, il avait pratiqué des issues secrètes de tous les côtés. Mais dès qu'il se vit investi, il prit du poison et termina ses jours. Ainsi mourut ce grand homme, qui avait si longtemps disputé la victoire aux Romains.

XLVII.

Questions de temps. Nom de distance.

Dans dix jours je recevrai de mon ami un ouvrage qu'il a composé en trois ans, et je le lirai le mois suivant. Il m'enverra aussi quelques autres ouvrages qu'il a reçus, il y a trois mois, d'un jeune homme de ses amis ; et je passerai l'hiver prochain à les lire. Il y a quelques jours qu'il a acheté une jolie maison de campagne à six lieues d'ici, et je l'irai voir bientôt. Je pourrai faire le voyage en cinq heures, si le mauvais temps ne me surprend pas en chemin. Il y a déjà plusieurs mois que je désire faire quelques voyages, pour me récréer de mes occupations ; mais il m'est toujours survenu quelque affaire qui a mis obstacle à mes projets. Enfin, je l'espère, je pourrai l'exécuter sous peu de jours.

XLVIII.

Passifs. Relatifs. *Son, sa, ses. Plus.*

De toutes les vertus, la magnanimité est, sans contredit, celle qui sied le mieux aux princes et aux conquérants. Alexandre, par qui Porus, l'un des plus puissants rois de l'Inde, fut vaincu et fait prisonnier, donna un bel exemple de générosité. Il rendit au prince vaincu ses États, auxquels il ajouta même plusieurs provinces. Aussi Porus, reconnaissant des bienfaits de son vainqueur, lui resta constamment attaché jusqu'à la mort. Racine, par qui la tragédie d'*Alexandre* a été composée, fait un tableau touchant du caractère de Porus ; et quelques lecteurs admirent plus le prince vaincu que le vainqueur, parce qu'il n'y a rien de plus intéressant qu'un grand homme qui supporte ses malheurs avec courage.

XLIX.

Meum, tuum est. *Ne... que. Plus... moins. Espérer. Plus* répété. *C'est... que de...* Opus est ou indigeo. *Aussi... que qui que ce soit.*

Si vous êtes riche, il est de votre devoir de bien user de vos richesses. Vous ne les avez reçues de Dieu que pour venir au secours de vos frères malheureux. Plus

vous serez dur à leur égard, moins vous devez espérer
de trouver grâce auprès de la Divinité, quand il faudra comparaître devant elle. Plus vous aurez soulagé
d'infortunés, plus elle vous sera propice. C'est donc
amasser pour l'éternité, et se créer à soi-même de véritables richesses, que de donner aux indigents les secours dont ils ont besoin pour soutenir leur frêle existence. Vous seriez, d'ailleurs, aussi pieux que qui que
ce fût, que vous seriez rejeté du Seigneur, si vous refusiez aux pauvres le pain qu'ils vous demandent.

L.

FUGIT, PRÆTERIT. *Que* retranché. *Tel, que. Son, sa, ses.*
Question UBI.

Personne, assurément, n'ignore que Platon fut disciple de Socrate. On sait que ses connaissances et son
caractère étaient tels, qu'il était admiré et estimé de
toute la Grèce. On prétend qu'il était fils d'Apollon, et
que sa mère le déposa entre des myrtes, où elle le retrouva environné d'un essaim d'abeilles, dont les unes
voltigeaient autour de sa tête, et les autres enduisaient
de miel ses lèvres vermeilles. On sait qu'à l'exemple de
son maître, il méprisait la volupté, et s'adonnait tout
entier à l'étude de la sagesse. On rapporte néanmoins
qu'il aimait à se récréer de ses occupations sérieuses,
et qu'il était gai quelquefois. Par exemple, on dit que,
le jour de sa mort, on trouva sous son chevet un recueil plein de facéties.

LI.

Que retranché. *Prier, demander de.* Participe passé actif. *Le plus... que... Défendre, empêcher.*

Thémistocle avait dit devant l'assemblée du peuple, qu'il avait conçu un projet fort avantageux pour la république, mais qui ne pouvait être encore révélé. Alors les Athéniens prièrent Aristide de prendre connaissance de ce projet, et de l'examiner soigneusement. Thémistocle ayant pris à part ce dernier, lui déclara qu'il était d'avis de brûler tous les vaisseaux des Grecs, ce qui n'était nullement difficile, ajoutant que par ce moyen la ville d'Athènes devait se rendre maîtresse de toute la Grèce. Après cet entretien, Aristide dit au peuple, que le projet que lui avait communiqué Thémistocle était, sans contredit, le plus avantageux qu'on pût proposer, mais qu'il était aussi le plus injuste. Les Athéniens défendirent de mettre à exécution ce projet.

LII.

Si..., ce n'est pas que... mais... Est-ce ainsi que...? Beaucoup avec des verbes de différents régimes. *Pour..., ce n'est pas à dire pour cela que... De même que... de même... L'emporter sur.*

Si je lis plus souvent les anciens auteurs que les modernes, ce n'est pas que ceux-ci me déplaisent, ce n'est pas même que je ne les lise très-volontiers; mais c'est que les écrivains, orateurs ou poëtes dont l'antiquité se glorifie, me paraissent doués d'une plus sublime éloquence. Quoi! dira quelqu'un, est-ce ainsi que vous faites cas de nos écrivains modernes? Je les estime et admire assurément beaucoup. Mais, pour préférer Virgile à Voltaire, ce n'est pas à dire pour cela que je dédaigne les œuvres de ce dernier. La lecture de quelques-uns de ses ouvrages me fait le plus grand plaisir. Mais, de même que les poëtes anciens l'emportent, à mon avis, sur les modernes, de même les Grecs me paraissent l'emporter sur les Romains.

LIII.

Questions de temps et de lieu. *Pourvu que.*

Aussitôt que j'en aurai le loisir, j'irai vous visiter à votre maison de campagne; mais, tant que la saison sera pluvieuse, il ne faut pas que j'y songe. Si vous vouliez me faire plaisir, vous m'écririez auparavant, pour m'indiquer la route que je dois suivre, puisque je l'ignore absolument. A mon retour, je me propose de faire un long voyage. Faites en sorte de m'accompagner, pourvu toutefois que rien ne s'y oppose. Si vous connaissiez les pays que je veux parcourir, les villes où je veux aller, vous vous réjouiriez d'avance de faire ce voyage vraiment agréable. Si vous vous décidez, comme je l'espère, mandez-le moi, afin de satisfaire mon impatience.

LIV.

Poenitet, pudet. *A* devant un infinitif pour *en,* devant un participe. Fungor officio meo. *Les premiers, les seconds. Regarder comme. Aussi* ou *autant que. Que* ou *combien.* Natus ad laborem. *Assez... pour. Tel... qui.*

Les élèves diligents et studieux ne se repentent jamais de leur exactitude à remplir leurs devoirs. Au contraire, les élèves paresseux et insouciants se sont toujours repentis et se repentiront toujours de leur négligence à s'acquitter de leur tâche. Les premiers ne paraissent jamais s'ennuyer de l'étude; mais les seconds regardent le travail comme un joug aussi pesant qu'insupportable. Que leur aveuglement est grand! L'homme n'est-il pas né pour le travail? Malheur à celui qui est assez insensé pour préférer le désœuvrement à l'étude! Tel n'a pas honte de perdre son temps, qui s'efforcera inutilement de le réparer, quand il sera parvenu à l'âge de raison.

LV.

Ne jamais manquer de. Avertir, conseiller de. Trop... pour. Prendre soin de faire... Il arrive que... Avant que. Exclamations et phrases admiratives.

Un père sage ne manque jamais de conseiller à ses enfants de conserver leur innocence comme un précieux trésor; mais les enfants, trop légers pour se rendre à des avis si sages, ne prennent pas soin d'éviter les mauvaises compagnies; et il arrive souvent qu'ils la perdent avant même qu'ils en aient connu le prix. On les avertit de ne pas mépriser des conseils dictés par la raison et l'expérience, et ils ferment les yeux sur les dangers auxquels ils sont sans cesse exposés. Mais bientôt arrive l'âge viril, et avec lui les regrets. Heureux du moins s'ils effacent désormais par une bonne conduite les taches qui ont souillé leur jeunesse!

LVI.

Craindre de. Qui que ce soit. Se venger de. Ne pas craindre de (idiotisme). Fais-je, entends-je au commencement d'une phrase.

Antonin, surnommé le Pieux, montra toujours une douceur inaltérable et supérieure aux injures. Il crai-

gnait de négliger les devoirs que lui imposait le trône;
et il aurait craint d'affliger le moindre des citoyens, ou
de dire à qui que ce fût des paroles désobligeantes. Dans
une famine, la populace, qui ne se connaît plus quand
elle manque de pain, lui jeta des pierres. Antonin,
pour se venger d'une telle injure, ne craignit pas d'acheter du blé qu'il distribua gratuitement aux pauvres citoyens. Entendait-il vanter les grands conquérants, il
ne craignait pas non plus de dire que, pour lui, il préférait la vie d'un citoyen à la mort de mille ennemis :
maxime bien digne de la sagesse et de la bonté de ce
prince.

LVII.

Qui et que interrogatifs. Ne pas craindre de. PUDET, POENITET.
Regarder comme... Après avoir...

Que dirons-nous de Sylla, l'oppresseur de sa patrie?
Que devons-nous penser de celui qui, couvert du sang
de ses concitoyens, ne craignit pas de prendre le sur-
nom d'Heureux? Qui n'aurait point pitié des malheureux à qui il donna la mort? Quel homme oserait,
de nos jours, approuver l'auteur de tant de proscriptions? Que pouvaient espérer les Romains de celui
qui n'avait pas honte de ses crimes? Que pensaient
les gens sages, en le voyant accablé de douleurs et
d'infirmités? Ils regardèrent les maux qu'il souffrait
comme un châtiment du ciel irrité. A une horrible
cruauté il joignait beaucoup d'autres vices. Néanmoins
qui croirait qu'après avoir changé la face de la république, il ne craignit pas d'abdiquer, pour vivre en
simple particulier?

LVIII.

Que ou *combien* devant des adjectifs. *Plus* avec les verbes d'estime. Refert, interest. *D'autant plus... que... Plus de. Que*
ou *combien de. Autant de... que de... Tant que... Tant de...*
que de. Autant que. Tant (admiratif). *L'emporter sur.*

Qu'il est beau de pardonner à ses ennemis! Je fais
plus de cas d'un homme qui a pardonné un outrage,
que de celui qui a secouru un malheureux : tant le pardon des injures est rare et admirable! Les jeunes gens
ont grand intérêt de respecter les vieillards. Leur société
leur doit être d'autant plus agréable, qu'ils ont vu plus
de choses. Que je connais de vieillards qui ont autant
d'amabilité que d'érudition! Tant que ce jeune homme
respectera la vieillesse, tant qu'il s'acquittera soigneusement de ses devoirs, il sera estimé tant de ses maîtres
que de ses parents. L'homme ignorant n'a pas autant
de droits pour obtenir les emplois publics que le savant :
tant un citoyen instruit est aimé et estimé! tant il mérite de l'emporter sur celui qui a moins d'érudition
que lui!

LIX.

Moins on... plus on... Plus... moins... Si ou *tant... que... D'au-*
tant moins (avec un verbe d'estime)... *que... moins. Le plus*
possible. Plus répété. *Quel que. Plus* avec un verbe d'estime.

Moins on est avide de richesses, plus on mène une
vie heureuse. Plus vous aurez de désirs, moins votre
sort sera doux. Il est si agréable d'obliger ses semblables, que, si les dieux m'avaient fait riche, j'aurais rendu
service à tous les malheureux, sans distinction. Jeune
homme, nous vous estimerons d'autant moins, que
vous vous montrerez moins prévenant. La politesse est

la plus belle qualité que je connaisse. Soyez-donc le plus honnête que vous pourrez avec tout le monde. Plus vous montrerez d'obligeance, plus on sera complaisant pour vous. Plus on est honnête, plus on se fait d'amis; et le sage, quelle que soit sa condition, estime bien plus un véritable ami que l'or ou les dignités dont la multitude est si avide.

LX.

Que ou *combien. Quelque. Combien* avec des verbes d'estime. *Moins* avec *importer.*

Que celui-là est heureux, qui possède quelques amis! combien je fais peu de cas de ces gens qui font de très-belles protestations d'amitié, et qui le plus souvent haïssent ceux dont ils se disent les amis. Je hais plus un homme faux et perfide, que celui qui manifeste des principes même contraires à la saine raison. Il nous importe moins de déclarer la guerre à nos ennemis, qu'aux traîtres et aux parjures. Quelqu'un disait un jour à Socrate : « Votre maison est bien petite; à peine pourra-t-elle contenir quelques personnes; vous auriez dû la faire beaucoup plus grande. » Socrate lui répondit : « Hélas! que ne puis-je la remplir de véritables amis! » indiquant, par ces paroles, combien les amis fidèles sont rares.

LXI.

Le plus, le moins grand possible. Le plus, le moins de... que vous pourrez. Le plus, le moins possible avec un verbe. *L'emporter;* nom de manière. *Plus, moins* avec un verbe. *D'autant plus... que.*

Les jeunes gens qui ont à cœur de réussir, apportent à l'étude la plus grande application qu'il leur est possible, et perdent le moins de temps qu'ils peuvent. Vous serez estimés et favorisés de tous vos maîtres, si vous commettez le moins de fautes que vous pourrez : imitez la conduite de votre frère, qui ne manque jamais de contenter ses maîtres le plus qu'il lui est possible ; son exemple est excellent à suivre. Combien il l'emporte sur les autres jeunes gens en application ! Il joue et cause le moins qu'il peut ; aussi est-il admiré de chacun de nous, et personne ne remporte plus de prix que lui. Plus vous jouerez, moins vous profiterez ; et, moins vous profiterez, moins vous obtiendrez de récompenses. L'étude est d'autant plus indispensable, qu'elle peut faire la consolation de notre vie entière.

LXII.

Verbes réfléchis, et verbes passifs à forme réfléchie.

Au retour du printemps, toute la nature se renouvelle. La terre se pare de gazon et de fleurs, les arbres se couvrent de feuilles, les oiseaux, par leurs concerts, annoncent la présence de la belle saison ; ils s'animent et chantent en chœur les merveilles du créateur de l'univers. L'été venu, les blés se coupent et se déposent dans les greniers ; et le laboureur commence à s'applaudir des peines qu'il s'est données pour rendre la terre féconde. Les fruits se cueillent pendant les beaux jours de l'automne, et bientôt la vendange se fait au milieu des jeux et des danses du hameau. L'hiver ensuite s'annonce par le froid et les frimats. C'est l'instant où le laboureur, entouré de ses enfants, jouit, au sein d'une paix tranquille, du fruit de son labeur.

LXIII.

Verbes de régimes différents n'en ayant qu'un seul en français.
PUDET, POENITET. *On. Pourquoi* entre deux verbes.

Personne ne peut ignorer qu'on favorise les gens de bien, tandis qu'on méprise et qu'on poursuit les méchants. Comme on craint ceux-ci, on les hait. On rougirait d'entretenir le moindre commerce avec eux. S'ils savaient qu'on ne peut être estimé sans les qualités du cœur, et qu'on ne saurait être heureux sans la vertu, assurément ils auraient honte de leurs vices et de leurs bassesses. Leur demande-t-on pourquoi ils se conduisent de la sorte, ils ne savent que répondre, ou du moins ils déraisonnent. Quand on est inconsidéré dans ses actions, on l'est aussi dans ses discours. En vain on leur représente combien ils sont méprisés, ils ne changent ni de sentiment ni de conduite.

LXIV.

Le même que.

Ce n'est pas sans raison qu'on dit tous les jours que la fortune change les mœurs. Pourquoi cet ami n'est-il pas aujourd'hui à mon égard le même qu'il était hier? Assurément c'est aujourd'hui le même homme que je connaissais hier, mais ses manières et son langage ne sont plus les mêmes qu'auparavant. Il n'est ni plus instruit ni plus vertueux, sans doute, mais il est devenu plus riche. Il lève fièrement la tête, et à peine salue-t-il les mêmes personnes qu'il ne manquait pas d'embrasser autrefois, quand il venait à les rencontrer. Les traits de sa figure ne sont pas autres que je les ai connus, mais il ne porte plus le même habit qu'hier. Il a l'honneur de converser avec les grands.

LXV.

*N'avoir rien tant à cœur. Que ou combien. Digne d'être avec
un participe passif. Que ou combien de. Défendre de. Pourvu
que. Le plus. Le plus de. Tel... qui...*

Narcisse prenait plaisir à se contempler dans une fontaine. De même ce nouveau parvenu n'a rien tant à
cœur que de s'admirer dans sa parure. Combien l'homme
est petit, et que j'ai pitié de lui ! Il arrive bien rarement que celui qui s'admire soit digne d'être admiré.
Que de défauts dans l'homme même le plus parfait ! « Je
ne te défends pas de t'admirer, disait Sénèque, pourvu
que tu sois exempt de défauts. » Mais qui oserait assurer
qu'il est accompli ? Celui qui a le plus de talents ou le
plus de vertus est aussi le plus modeste. Du reste, rien
ne blesse plus notre orgueil que l'orgueil d'autrui ; et
tel est naturellement humble, qui ne peut souffrir l'arrogance ni la fatuité dans un autre.

LXVI.

Que interrogatif. Questions de lieu.

Que méditez-vous dans votre charmante maison de
campagne ? Que faites-vous quand il vous survient quelques loisirs, et que vous n'avez plus l'embarras de vos affaires domestiques ? Qu'étudiez-vous le plus ordinairement ? Vous me répondrez, peut-être : Que faites-vous
vous-même, depuis trois mois ? C'est donc à moi de
vous satisfaire aujourd'hui en vous donnant le détail
de mes occupations. L'agriculture est devenue presque
mon unique plaisir : c'est au milieu de mes champs que
je charme mes ennuis ; c'est parmi de bons laboureurs
que je passe les longues heures de la journée. Plus ha-

biles que moi, ils veulent bien m'enseigner les secrets de leur art. A leur école, j'étudie la nature du terrain; j'apprends ce que réclament les saisons, et ce que demandent les usages du pays.

LXVII.

Aussi ou *autant que. Se garder de* avec un infinitif. *Pour peu que. S'étonner de* avec un infinitif. *Recommander, engager, conseiller.*

La langue que vous venez ici étudier est aussi utile qu'agréable. Toutefois, il faut bien se garder de se laisser effrayer par les premières difficultés : pour peu que vous ayez d'intelligence et de bonne volonté, vous en triompherez aisément. Vous savez qu'il y a dans la langue des Romains des inversions fréquentes, qui en font la beauté. Vous ne vous étonnerez donc pas d'en rencontrer quelques-unes dans l'ouvrage que vous allez expliquer. Lorsque vous traduirez une phrase, cherchez d'abord son nominatif et ses compléments; après le nominatif, cherchez le verbe et les divers compléments du verbe : telle est la marche que vous devez suivre continuellement. Je vous recommande surtout de ne pas perdre courage, persuadé que plus vous aurez surmonté de difficultés, plus le reste vous deviendra facile.

LXVIII.

On trouve, on voit des hommes qui... On dirait que. Sont-ils, font-ils équivalant à : *S'ils sont, s'ils font. Le moindre mot; la moindre action.*

On trouve, je le sais, des caractères heureux qui s'accommodent de tout; mais on voit aussi beaucoup d'hommes d'une humeur difficile, et qui se plaignent sans cesse; on dirait qu'ils s'ennuient et souffrent partout. Sont-ils chez leurs amis, on les entend se plaindre de leur famille; sont-ils chez eux, ils sont mécontents de leurs amis. Ils trouvent à redire à tout ce qu'ils voient ou entendent. Le moindre mot, la moindre action est un sujet de querelle et d'emportement. Sont-ils à la campagne, ils voudraient être à la ville; ils sèchent d'ennui. Malheureux vraiment est l'homme qui a un tel caractère! il est à charge aux autres et à soi-même.

LXIX.

Si; comment; combien; quel, quelle, quoi entre deux verbes.

Le peuple révolté tenait Antigone assiégé dans son palais. Il ne savait comment le dissiper; enfin, saisissant son diadème, il le jette au milieu des mutins, et leur dit : « Je ne sais si cet ornement excite l'envie de quelque ambitieux ; mais je sais combien il est pesant et funeste au repos. Vous pouvez le donner à un de ceux qui ignorent combien la royauté est pénible. J'ai trop éprouvé à quels périls, à quelles fatigues elle condamne. Si vous oubliez mes services, rappelez-vous du moins de quelle manière j'ai puni l'insolence de nos ennemis, comment j'ai soutenu et augmenté la gloire de la Macédoine. Je voudrais savoir en quoi j'ai mérité votre ressentiment? » Le peuple, confus, le pria de reprendre l'autorité, et la sédition fut apaisée.

LXX.

Qu'importe de... ou de...? Se mettre peu en peine de avec un infinitif. Pourvu que. Avoir soin de. Se mettre peu en peine que... ou que... Qu'importe que... ou non? Ne pas se mettre en peine de avec un substantif.

Que vous importe d'amasser de grandes richesses, ou de vivre dans la médiocrité! Vous devez vous mettre peu en peine de vivre dans l'opulence, pourvu que vous soyez heureux. Ayez soin d'amasser, je ne dis pas des trésors périssables, mais des biens solides qui ne soient point exposés à l'envie. Il vous faudra un jour abandonner ces richesses à un héritier avide, qui se mettra peu en peine que vous ayez vécu heureux ou malheureux, mais qui aura soin, lui, de jouir du fruit de vos travaux. Hé! que vous importe qu'il bénisse ou non votre mémoire, qu'il nage dans l'opulence ou qu'il soit moins riche? Ayez soin de vivre heureux, croyez-moi, et ne vous mettez point en peine de la reconnaissance ou de l'ingratitude d'un héritier.

LXXI.

Conseiller de. À mesure que. Il importe.

Plus d'une fois je vous ai conseillé d'étudier assidûment les poëtes grecs et romains; je vous conseillerai également de lire avec le plus grand soin les poëtes français. A mesure que vous avancerez en âge, il faut que vous vous perfectionniez dans la langue de votre pays. Il ne serait pas bon d'étudier sans cesse les anciens, et de négliger les modernes. D'ailleurs, notre langue a aussi des beautés qu'il importe aux jeunes gens de connaître. Je vous conseille donc de vous y appliquer, afin d'acquérir, par un exercice continuel, l'avantage de la parler et de l'écrire correctement. Mais vous aurez besoin de guides sûrs, car tous les ouvrages ne sont pas également profitables; et, dans le nombre, il importe de savoir choisir.

LXXII.

Empêcher. Quelque... que... Trop... pour. Il ne tient pas à moi que. Nul doute que. Je doute que. Quelque... que avec un substantif. A quoi tient-il que?

L'honnête homme empêche toujours les factieux de jeter le trouble dans la société. Quelquefois il blâme en lui-même les actes du gouvernement; mais il sait que les lois, quelque sévères qu'elles soient, sont trop utiles pour que chacun ne s'y conforme pas. Sans doute, il ne peut empêcher les autres de penser comme ils veulent. Mais il doit empêcher qu'ils n'agissent méchamment. Il ne tient pas à lui que la plus grande union ne règne parmi les membres du corps social. Nul doute qu'il ne faille obéir aux lois. Je doute même que les bonnes mœurs puissent seules tenir lieu de lois, quelque pouvoir du reste qu'elles aient. A quoi tient-il que les hommes ne soient heureux? Qu'ils aiment la paix, et fassent tous leurs efforts pour écarter les discussions!

LXXIII.

Que retranché. PUDET, POENITET, etc. *Combien avec des verbes de régimes différents n'en ayant qu'un en français.*

Croyez qu'aucun historien n'osera justifier la ville d'Athènes, et surtout les magistrats, qui n'eurent pas honte de condamner à mort Socrate, l'ami et le maître du divin Platon. Personne n'ignore que la mort de Socrate est celle de l'homme juste. L'histoire nous enseigne qu'il fut déclaré le plus sage des hommes. Nous lisons aussi qu'il n'était pas moins modeste que savant. Je ne pense pas que la postérité oublie jamais la mémoire de cet illustre philosophe. Je ne puis vous dire combien les honnêtes gens l'aimaient et l'estimaient. Sa mort ayant été annoncée aux Athéniens, ce peuple ingrat donna des larmes à Socrate qui n'était plus. L'exemple des Athéniens nous enseigne qu'il ne faut jamais agir avec trop de précipitation.

LXXIV.

Son, sa, ses. Tout autrement que. Le premier, le second. L'un, l'autre. Il n'en est pas de même de. Quel que. Verbes passifs en français, qui n'ont pas de passif en latin.

Tarquin, que son orgueil rendit odieux aux Romains, gouverna le peuple tout autrement que Numa. Le premier se montra dur et superbe, le second parut toujours le même qu'il avait été, c'est-à-dire pacifique et bienfaisant. L'un traitait ses sujets de même que s'ils avaient été des esclaves, l'autre montrait une douceur telle, qu'il était chéri même des nations étrangères. Tarquin fut banni par ses sujets; il n'en fut pas de même du pieux Numa, qui fut regretté, à sa mort, de tous les bons citoyens. Quels que fussent les efforts de Tarquin, il ne put ressaisir le sceptre et la couronne qu'il avait perdus. Les méchants princes ne sont pas favorisés de la fortune. Quelques largesses qu'ils fassent, ils ne peuvent se concilier la bienveillance des peuples qu'ils gouvernent.

LXXV.

Que ne...? Pudet, miseret. *Que ne... pour. Sans* avec
l'infinitif.

Hommes avares, que ne soulagez-vous les pauvres,
dont vous n'avez nulle pitié? Vous ne satisfaites que
votre cupidité. Vous dites, en parlant des richesses
que vous ne cessez d'entasser : Que ne pouvons-nous
emporter tous ces biens! Tandis que vous les surveillez,
vous ne jouissez d'aucun repos. Que ne songez-vous
plutôt que toutes ces richesses passeront à des héritiers? Vous n'aurez rien amassé, qu'ils ne trouvent
après votre mort. Ils ne quitteront pas votre maison,
qu'ils n'aient emporté tous les trésors que vous possédez. Je ne vois rien qu'ils n'enlèvent avec avidité;
et cependant, vous ne craignez pas de vous refuser
tous les jours les choses les plus nécessaires à la vie.
Vous entassez comme si vous deviez vivre et posséder
toujours!

LXXVI.

*Assez pour. Tant il est vrai que ! Tant de... que... Trop pour.
Tant que* (question QUANDIU). Verbes de différents régimes
avec *tant, combien,* etc. *Tant* admiratif.

Sémiramis, reine d'Assyrie, fut assez cruelle pour
ordonner le trépas de Ninus, son époux, par qui elle
avait été comblée de bienfaits. Mais elle fut assassinée,
à son tour, par son fils : tant il est vrai que le crime ne
reste jamais impuni! Elle avait subjugué tant de provinces, envahi tant d'États, que son nom était redouté
de toutes les nations. Son ambition était trop grande
pour que le trône de Ninus lui suffît. Tant qu'elle eut

des hommes et de l'argent, elle fit la guerre à ses voisins. Cependant, les Assyriens l'aimaient et l'estimaient tant, qu'ils l'honorèrent, après sa mort, comme une divinité : tant les peuples sont crédules et superstitieux ! Elle avait exécuté, sans doute, de grandes choses : mais elle s'était rendue coupable d'un grand crime, et l'on parut oublier le forfait pour ne songer qu'aux exploits.

LXXVII.

Les uns, les autres. Ceux-ci, ceux-là. L'un... l'autre; l'un l'autre. Ni l'un ni l'autre. Tous les deux. Celui-ci, celui-là.

Les hommes sont doués de caractères différents. Les uns aiment les richesses, les autres recherchent les honneurs. Ceux-ci se livrent à l'étude, ceux-là s'abandonnent aux plaisirs. L'un parle et agit inconsidérément, l'autre pèse ses paroles et ses actions. Achille et Hector se défiaient quelquefois l'un l'autre. Ils ne pouvaient s'aimer ni l'un ni l'autre, à cause de l'inimitié qui régnait entre les Grecs et les Troyens. Cependant ils s'estimaient l'un l'autre. Ils avaient tous deux la même intrépidité; mais, après la mort de Patrocle, quand on voit Achille voler au combat pour venger son ami, on ne peut s'empêcher de craindre pour le vaillant Hector. L'intérêt que celui-ci nous inspire est tel, que nous tremblons de le voir vaincu par celui-là.

LXXVIII.

Qui, quel interrogatifs. Passifs à changer en actifs. Quelque... que... Son, sa, ses.

Qui de vous n'a pas lu les exploits de Jules César, qu'il a consignés lui-même dans ses Commentaires?

Quel autre capitaine pouvons-nous lui comparer? Quel soldat même fut plus brave que lui? Qui pourrait compter les victoires qu'il remporta, les villes dont il se rendit maître? Ses hauts faits seront admirés de la postérité la plus reculée. Quelque valeur que les Gaulois déployassent dans les combats, ils ne purent cependant lui résister. Quel que fut le nombre de leurs soldats, ils furent contraints de subir le joug de la servitude. Les Bretons ne furent pas plus épargnés par ce général, devenu la terreur des nations. Leur courage ne les sauva pas davantage; car ils furent contraints à payer le tribut que le vainqueur exigea d'eux.

LXXIX.

FACILE DICTU. *Assez pour*. MISERET. *Faire un crime de. Tant de*.

La religion procure toute sorte de consolations à ceux qui en accomplissent tous les devoirs. Elle leur rend les peines de cette vie plus douces à supporter, et, après leur mort, leur assure une éternité bienheureuse. Plaignons l'aveuglement de ces gens qui ne craignent pas de se montrer assez insensés pour faire aux vrais chrétiens un crime de leur piété, et les blâmer même de leurs vertus. Nous devons sans doute avoir pitié d'eux, puisqu'ils ignorent la vérité et la sainteté de l'Évangile. Mais d'où pensez-vous que puisse provenir tant d'ignorance de leur part? Ils appliquent leur esprit à des choses frivoles, et négligent l'étude de la seule science nécessaire à l'homme. Peut-être un jour ils ouvriront les yeux, et se soumettront à celui qui tient le cœur des rois entre ses mains puissantes.

LXXX.

Exhorter à, pousser à. Quel autre que? Plus de. Plus. C'est moi qui, etc. *Faire* devant un infinitif. *Demander. Aussi* conjonction. *Attendre* pour *être réservé à. Ne pas craindre de.*

L'amour de la gloire anime les héros et leur inspire la passion des grandes choses. Mais l'ambition, qu'il ne faut pas confondre avec ce noble sentiment, les pousse souvent à des crimes. Quel autre que Pausanias avait rendu de plus grands services à sa patrie, et avait su davantage mériter l'estime des Lacédémoniens? C'est lui qui avait vaincu l'armée des Perses, et sauvé la Grèce en repoussant l'armée des Barbares, et en faisant avorter leurs projets de conquête. Mais l'ambition lui fit désirer l'alliance de Xerxès. Il osa demander sa fille en mariage, et courut ainsi à sa perte. Aussi il ternit la gloire de ses actions par une mort honteuse. La même infamie attend ceux qui ne craignent pas de trahir leur patrie et de s'armer contre elle.

LXXXI.

Doceo pueros grammaticam. Imitari. Dignus laude. *Assez pour.*

Mentor enseignait à Télémaque le grand art de gouverner les hommes, et ne lui célait aucun moyen de les rendre heureux. « Imitez, lui disait-il souvent, la sagesse d'Ulysse, votre père, qui s'est distingué parmi tous les princes de la Grèce. » Le jeune homme se montrait docile à ses avis, et se rendait digne des soins du sage vieillard. Mentor ne lui laissait ignorer aucun des dangers qui menacent la jeunesse assez imprudente pour s'abandonner à ses passions. Il lui enseignait les moyens de les éviter. Ulysse, en partant pour le siége de

Troie, avait confié son fils à la sagesse de ce vieillard. Celui-ci, persuadé que le meilleur moyen de s'instruire est d'étudier les mœurs et les usages divers des nations, voyagea avec Télémaque, et lui apprit de quelle manière il pouvait soutenir la gloire de son père.

LXXXII.

Faire devant un infinitif. *De* devant un infinitif, équivalant à *de ce que* devant un mode personnel. *Prier de. Comme* devant un imparfait.

Un homme réduit à l'indigence, trouva une bourse pleine d'argent. Il fit publier aussitôt qu'il la remettrait à celui qui l'avait perdue. Quelqu'un vint la réclamer : le pauvre, persuadé qu'elle lui appartenait, la lui rendit, en ajoutant qu'il se félicitait de l'avoir trouvée. Cet homme, plein de reconnaissance, lui répondit qu'il le priait d'accepter, du moins, dix pièces d'or, et les lui présenta. Le pauvre aussitôt s'en défendit, protestant qu'il ne pouvait les recevoir. Alors il lui en présenta cinq, et, comme il les refusait encore, le riche prit la bourse qui contenait l'argent trouvé, la jeta aux pieds du pauvre, en disant qu'il n'avait rien perdu. On dit que ce pauvre honnête, pour ne pas l'affliger par un refus absolu, prit alors une pièce d'argent, qu'il donna à un pauvre plus pauvre encore que lui.

LXXXIII.

Demander à. Que retranché. *Appartenir* (être siens).

Quelques peuples de la Gaule vinrent en suppliant demander la paix à Julien. L'empereur leur demanda des otages. Ils dirent qu'ils lui donnaient les prisonniers qui étaient en son pouvoir. Mais le prince leur ayant fait observer qu'ils lui appartenaient par le droit de la victoire, ils le supplièrent de leur indiquer ceux qu'il désirerait. L'empereur, après un moment de réflexion, dit qu'il voulait le fils de leur roi. A ces mots, les Gaulois firent entendre un profond soupir, et leur chef, d'une voix entrecoupée de sanglots, s'écria : « Plût à Dieu que j'eusse encore mon fils pour en faire votre esclave ! mais, hélas ! il a succombé sous vos armés victorieuses.» Julien ne put retenir ses larmes, profondément ému de ce spectacle. Il leur rendit leur jeune prince, qu'il faisait élever suivant sa condition.

LXXXIV.

Autant de... que de. Tant de. Tant que (question QUANDIU).
Tant pauvres que riches. Non pas tant pour... que pour.
Prendre plaisir à. Autant que avec des verbes. Tel.

Alexandre avait autant de génie que de valeur; il gagna tant de combats, il remporta tant de victoires, qu'il fut surnommé le conquérant de l'Asie. Tant qu'il fut à la tête de ses armées, les Macédoniens eurent la réputation d'être les meilleurs soldats du monde. Les écrivains, tant anciens que modernes, s'accordent à dire qu'il faisait la guerre non pas tant pour conquérir que pour vaincre, et qu'il prenait plaisir à replacer sur leurs trônes les princes qu'il en avait renversés. Tant qu'il vécut, les princes qu'il avait soumis le redoutèrent ; mais quand il fut mort, ils secouèrent le joug, et méprisèrent autant ses successeurs qu'ils l'avaient estimé. Tel est le sort ordinaire des conquérants : avec eux se perd le fruit de leurs conquêtes.

LXXXV.

Je ne suis pas homme à. Exhorter à. Faire devant un infinitif. *Venir de* devant un infinitif. *Si* entre deux verbes *Dire que oui. Tous les dangers du monde. Capable de. On.*

Les Spartiates n'étaient pas hommes à manquer de courage en présence de l'ennemi. Leurs mères n'étaient pas femmes, non plus, à leur conseiller la lâcheté. Jamais l'intérêt privé ne fut capable de leur faire oublier ce qu'ils devaient à la patrie. Archiléonide, femme lacédémonienne, apprenant que son fils venait de périr dans un combat, demanda s'il était mort en homme d'honneur [1]. On lui répondit que oui, et que tous les dangers du monde n'auraient pas été capables de le faire reculer; on ajouta qu'il n'y avait pas à Sparte un plus vaillant citoyen. Mais Archiléonide, qui n'était pas femme à déguiser ses sentiments, répondit qu'on était dans l'erreur, et qu'il restait à la patrie des citoyens qui valaient mieux que lui.

LXXXVI.

Dignus laude. *Tel* ou *tellement.... que. Adonné à. Prendre plaisir à. Afin de. Lorsque* avec le conditionnel dans le sens du futur. *Faire si peu de cas de... que.*

Claude fut un des empereurs romains le plus digne de notre mépris; il était tellement adonné à la débauche, qu'il perdait la mémoire de tout ce qu'il avait fait. Trente sénateurs et plus de trois cents chevaliers furent mis à mort sous son règne. Telle était la cruauté de ce prince, qu'il prenait plaisir à voir ces exécutions sanglantes.

[1] *Fortiter pugnando cecidisse.*

3

Il aimait tellement à se repaître les yeux de tortures, que si quelque athlète venait à tomber dans l'arène, il lui faisait couper la gorge, afin de contempler les traits de son visage lorsqu'il rendrait les derniers soupirs. Il faisait si peu de cas de la vie d'un citoyen, qu'il répondit à un officier qui lui rendait compte du supplice d'un personnage consulaire : « Je ne vous avais pas ordonné de le faire mourir; mais puisque cela est fait, qu'importe. »

LXXXVII.

Faire devant un infinitif. Ne faire que. Se montre-t-il pour s'il se montre. Se faire donner. Ne... que pour. Se faire précéder. Se faire un jeu de devant un infinitif. Faire subir un châtiment.

Le conquérant marque son passage dans les États par la ruine et la désolation. Il fait fuir les peuples devant lui, et ne marche que sur des victimes que sa fureur lui a fait immoler. Il ne fait que détruire et ravager. Se montre-t-il dans une ville, il se fait aussitôt donner par force tout ce qu'il désire. Malheur aux peuples qui osent lui résister! le feu et le fer à la main il fait détruire leurs hameaux et leurs villes, et ne quitte leur pays que pour voler à d'autres exploits également sanglants. Partout il se fait précéder de la crainte et de la terreur; et, à en juger par les maux dont il se fait un jeu d'affliger les hommes, on dirait que Dieu ne le leur a donné que pour leur faire subir le châtiment dû à leurs crimes.

LXXXVIII.

Moins de. Moins de... que de. Verbes de différents régimes n'en
ayant qu'un seul en français. *Prêt à. Trop de , trop peu de.
Tout autre que. L'un, l'autre ; le premier, le second ; celui-ci,
celui-là. Tel que. Blâmer, reprocher.*

Si nous rencontrions moins d'adulateurs , nous aurions moins de vices que nous n'en avons. Celui que je
chéris et que j'estime le plus est un véritable ami, toujours prêt à m'avertir de mes fautes. Il y a dans le
monde trop de flatteurs et trop peu d'amis sincères. Un
flatteur est tout autre qu'un ami : l'un nous aime pour
nous, et l'autre pour lui-même. Le premier ne voit
en nous que des vertus; nous ne disons rien qui ne lui
paraisse admirable à entendre. Le second, au contraire,
nous reproche nos défauts, parce qu'il veut nous en
corriger. Si celui-ci parle de nous en notre présence,
il ne nous peint jamais tels que nous sommes; il s'ex-
prime tout autrement qu'il ne pense. Si c'est celui-là,
le portrait qu'il fait de nous est tel, que nous convenons
de sa ressemblance.

LXXXIX.

Blâmer de. Trop devant un adverbe. Un seul régime en français
pour deux verbes qui, en latin, en gouvernent de différents.
Avoir droit de. Avoir besoin de. Pour devant un infinitif.
REFERT, INTEREST. PUDET, POENITET, MISERET.

Les enfants que nous blâmons de leurs défauts négligent trop souvent leurs devoirs. Mais ceux que nous
aimons et favorisons le plus deviennent de jour en jour
plus sages et plus laborieux. Les livres qu'ils lisent et
étudient sont excellents ; et s'ils persévèrent, ils nous

procureront tout ce que nous avons droit d'attendre de satisfaction de leurs études. Les autres, que nous ne cessons de punir et de menacer, ne se corrigent point. Pourtant ils ont besoin d'application pour acquérir quelques connaissances, et il est de leur intérêt de satisfaire leurs parents et leurs maîtres. S'ils n'ont point honte des reproches qu'ils reçoivent, plaignons-les sincèrement, car ils auront un jour à se repentir des défauts que nous blâmons en eux.

XC.

Autant que. S'étonner que. Questions de lieu. *Combien* entre deux verbes.

Ayant autant de loisir que vous en avez, je suis surpris que vous ne veniez pas me voir. Que faites-vous à la ville depuis un mois? Que j'aurais de plaisir à passer quelques jours avec vous à la campagne! Vous éprouverez ainsi que moi, qu'on ne trouve que là cette tranquillité parfaite, qui fait le bonheur de la vie. Faites en sorte de venir le plus tôt possible, et ne manquez pas de m'apporter quelques livres que nous lirons dans nos promenades. Vous ne sauriez croire combien la campagne est charmante dans cette saison. Au reste vous y disposerez de votre temps à votre gré. Tâchez donc de vous dérober à la ville et à vos occupations.

XCI.

Sans. Plus répété.

L'avare ne vit pas un moment sans craindre pour son trésor. Il passe les nuits sans dormir, et il ne s'écoule pas un seul jour sans qu'il se plaigne de la rigueur du temps. Plus il compte d'années, plus il se montre attaché à ses trésors. L'argent est tout ce qu'il aime; il est insensible à tout le reste. Il verrait presque, sans être touché, mourir ses parents et ses amis. Il se refuse les choses les plus nécessaires, et voudrait pouvoir vivre sans rien dépenser. C'est un chagrin pour lui de boire et de manger. Cicéron, apprenant la mort d'un avare de son temps, dit ingénieusement : il vivait sans jouir, il est mort sans avoir vécu.

XCII.

Combien. Verbes de régimes différents n'en ayant qu'un à gouverner en français. *Beaucoup. Plus. Douter que. Soit* répété. *N'être pas homme à.*

On ne saurait dire combien sont grands et nombreux les avantages de la science. Elle mérite bien qu'on la cultive et qu'on l'étudie. Si elle procure à l'homme beaucoup de gloire, elle lui est encore plus utile dans les diverses circonstances de la vie. Doutez-vous qu'elle ne soit d'un grand secours, soit dans la prospérité, soit ans l'adversité? Cicéron n'était pas homme à oublier ce qu'il lui devait. En effet, qui ne sait que cet orateur ne fut élevé au consulat qu'à cause de son mérite? Par quoi fut-il consolé dans ses disgrâces et dans ses malheurs? Par la science et l'étude des belles-lettres. Il quitta Rome, et, se renfermant dans sa maison de campagne, il passa tout son temps à lire les meilleurs ouvrages grecs et latins, et en composa lui-même qui ne leur cédaient en rien.

XCIII.

Tel... que. TEMPUS LEGENDI. *Pour* devant un infinitif. *Participe
passé français précédé de* ayant. *Défendre. Exhorter, exciter à. Qui interrogatif. Il n'en est pas de même de.*

On rapporte que le sophiste Hégésias parlait avec une
telle éloquence des maux de la vie, qu'il inspirait à
tous ceux qui l'entendaient le désir de se donner la
mort pour terminer une si pénible carrière. Le roi
Ptolémée l'ayant un jour entendu disserter sur cette
matière, fut tellement frappé du raisonnement de l'o-
rateur, qu'il lui défendit de continuer. Il eût, sans
doute, applaudi à ses talents, s'il les eût employés à
porter les hommes à la vertu. Mais qui aurait approuvé
l'usage criminel qu'il en faisait? Il n'en était pas de
même de Démosthène et de Phocion. Tous leurs discours ne tendaient qu'à inspirer aux Athéniens le courage et l'amour de la patrie.

XCIV.

PUDET, POENITET. *Participe passé français. Pourquoi entre deux
verbes. Verbes d'estime.*

On ne saurait dire jusqu'à quel point les grands
hommes de la Grèce portèrent le désintéressement et
l'amour de la patrie. Ils ne rougissaient point, au milieu des honneurs qui leur étaient décernés, de mener
une vie simple et frugale. Alexandre ayant un jour
envoyé à Phocion, général athénien, un présent de
cent mille écus, ce capitaine demanda aux députés du
monarque, pourquoi, dans un si grand nombre d'A-
théniens, il était le seul que le roi de Macédoine eût
jugé digne de ses bienfaits. « Alexandre, répondirent les

ambassadeurs, a voulu témoigner par cette distinction le cas qu'il fait de votre vertu. — Eh bien, répliqua Phocion, qu'il me laisse donc ma vertu en gardant pour lui ses trésors. »

XCV.

Empêcher, défendre.

Les Athéniens assiégeaient la ville de Thase, dans la mer Égée. Bien que les habitants fussent réduits à la plus fâcheuse extrémité, cependant personne n'osait parler de se rendre; car il y avait une loi qui défendait sous peine de mort [1] de proposer aucun traité aux Athéniens. Un citoyen également distingué par sa naissance et par ses vertus, touché des maux de sa patrie, se présenta au peuple avec une corde au cou : « Citoyens, dit-il, je n'ignore pas le sort qui m'attend ; mais je me réjouirai d'acheter par ma mort votre conservation. Je vous conseille de faire la paix avec les Athéniens.» Les Thasiens admirèrent sa générosité ; et, loin de le punir, ils abrogèrent la loi qu'ils avaient faite.

XCVI.

Demander à. Quel... que. Loin de... Nom de la partie.
Questions de lieu et de temps.

Un homme avait dans sa maison une statue de bois consacrée à je ne sais quelle divinité. Il la révérait sans cesse, l'ornait de fleurs, et lui demandait la puissance et les richesses. Néanmoins, quelles que fussent ses prières ou ses offrandes, il s'aperçut que son

---

[1] *Lege cautum erat, imposita mortis pœna, ne quis...*

avoir, loin d'augmenter, diminuait. Transporté de colère, il saisit la statue par un pied et la jette à terre. La tête ayant heurté contre le pavé, se brise et répand aussitôt une quantité de pièces d'or qui s'y trouvaient renfermées. « Singulière divinité ! dit l'homme : tant que je t'ai honorée, tu m'as négligé ; je te brise, et tu m'enrichis. » La force et non la douceur peut réduire les méchants.

XCVII.

C'est... qui ou que. À force de. Ne... que. Quel entre deux verbes.

Ce n'est qu'à force d'étudier et de méditer, qu'on acquiert des connaissances solides. Cléanthe, célèbre philosophe stoïcien, ne dut qu'à sa persévérance et à son application la haute sagesse et les vastes connaissances qui l'illustrèrent. Il se mit au nombre des disciples de Zénon, et, afin de consacrer tout le jour à l'étude, il gagnait sa vie à puiser de l'eau pendant la nuit. Les magistrats ayant appris de quelle manière il subsistait, voulurent lui faire une gratification ; mais celui-ci, riche de son travail et de la modération de ses désirs, refusa leurs présents. Ce philosophe était sans doute plus estimable que le riche qui passe sa vie dans le luxe et l'oisiveté.

XCVIII.

Tant s'en faut que... que... Combien s'en faut-il que..! Il s'en faut beaucoup que... Tant de. Faut-il que..! Assez peu pour.

Tant s'en faut que vous vous acquittiez bien de vos devoirs, qu'au contraire vous les négligez presque entièrement. Combien s'en faut-il que vous marchiez sur les traces de vos vertueux parents ! Il s'en faut beaucoup que nous ayons pour vous la même estime. Chaque jour vous vous exposez à des réprimandes, tant vous montrez de légèreté dans vos devoirs et dans toutes vos actions! Combien s'en faut-il que vous remplissiez les espérances que nous avions conçues de vous! Faut-il que vous soyez assez peu désireux de mériter l'estime publique, pour vous conduire ainsi, après les sages avis et les bons exemples que vous recevez sans cesse!

XCIX.

Au lieu de. Engager à. Accuser de.

Le juste Aristide, au lieu de rechercher les richesses, vivait dans la pauvreté, qu'il préférait à tout. Au lieu d'accepter les sommes d'argent que ses amis lui offraient, il les engageait à les employer pour le service de la république et le soulagement des malheureux. Callias, le citoyen le plus opulent d'Athènes et proche parent d'Aristide, fut accusé de laisser Aristide dans la pauvreté, au lieu de lui donner les secours dont il avait besoin. Mais Aristide déclara aux juges, qu'il lui avait plusieurs fois offert de l'argent, mais qu'au lieu de l'accepter il l'avait constamment refusé, persuadé que celui qui vit content de peu est toujours heureux.

C.

Quel que. Quelque que...

Un poëte voulait dédier un ouvrage de sa façon à un prince qui s'était toujours montré le protecteur des lettres. Mais, quel que fût le désir qu'il témoignait de parvenir jusqu'à lui, il lui fallait l'agrément d'un portier, d'un laquais et d'un valet de chambre qui avaient leurs oreilles dans leurs mains. Quelques instances donc qu'il fît,

elles furent inutiles. Enfin, résolu de s'en venger, il
aborde respectueusement le portier : « Monsieur, lui
dit-il, je dois être récompensé d'un ouvrage que j'ai
dédié à votre maître; quelle que soit ma gratification,
foi d'homme de lettres, je vous en donnerai le tiers, » et
le portier le laisse passer. Quelle que fût sa répugnance,
il fallut faire les mêmes salutations et les mêmes offres
au laquais et au valet de chambre.

CI.

Promettre de. Quel que. Quelque que.

Enfin, arrivé auprès du prince, il offre son ouvrage.
Charmé de la dédicace, le prince promet de lui accorder la faveur, quelle qu'elle soit, qu'il lui demandera.
« Monseigneur, répliqua l'auteur, quelque bienveillantes
que soient vos intentions, je me garderai d'abuser de
votre générosité. Je demande à votre altesse cent cin-
quante coups de bâton. — Quelle est donc cette plaisanterie, reprit le prince? » L'auteur lui raconte son
aventure. « Quelle que soit, ajouta-t-il, la récompense
dont vous m'eussiez gratifié, ne devant y avoir aucune
part, j'aurai du moins le plaisir de voir punir des gens
qui m'ont mis à contribution. » Le prince rit beaucoup,
et fit un présent à la femme de l'auteur, afin qu'il en
profitât sans violer sa parole.

CII.

Empêcher de. Rien n'empêche. Qui empêche.

Pourquoi la Fable suppose-t-elle que Prométhée, un
des Titans, forma un homme de boue? C'est parce qu'il
avait empêché des hommes grossiers et barbares de se

livrer à leur férocité, en leur insinuant des mœurs plus douces. Rien ne nous empêche de voir son application à observer le cours du ciel et des astres, dans ce que les poëtes disent qu'il fut attaché sur le mont Caucase. Qui nous empêche de reconnaître qu'il inventa le moyen de tirer du feu d'un caillou, dans ce que la Fable nous dit qu'il avait dérobé le feu du ciel? Rien ne nous empêche de regarder toutes les autres fictions comme autant d'allégories ingénieuses.

CIII.

Mettre au rang de. Questions de lieu. *Non moins... que.* Verbes d'estime. REFERT. *Craindre de.*

Anacharsis, que quelques-uns mettent au rang des sept sages de la Grèce, était Scythe d'origine. Il lui parut nécessaire, pour développer ses heureuses dispositions, qu'il allât à Athènes; il se rendit auprès de Solon, avec lequel il eut de longs entretiens; il devint non moins illustre par sa science que par l'austérité de sa vie; il faisait peu de cas des richesses, et témoignait par sa conduite qu'il lui importait peu d'en posséder. Craignant de se relâcher de l'austérité de ses mœurs, il crut qu'il lui importait de retourner dans sa patrie. Il y revint en effet; mais bientôt, sans égard pour son mérite, ou peut-être même à cause de ce mérite, il fut mis à mort par ordre de Saulius, roi des Scythes.

CIV.

Être si éloigné de... que. Tant s'en faut que. Être si peu... que.

Minos, le plus sage de tous les rois, était si éloigné de croire que le luxe contribue au bonheur d'un État, qu'il l'avait sévèrement proscrit par ses lois. Tant s'en fallait qu'il en inspirât le goût aux jeunes gens, qu'au contraire il voulut qu'on les accoutumât à une vie simple, frugale et laborieuse. Ils étaient si éloignés des plaisirs séducteurs de la volupté, qu'on ne leur en proposait jamais d'autres que ceux que procure la vertu. On était si peu obligé de réprimer le faste et la mollesse, qu'ils étaient inconnus en Crète. Chacun s'y livrait au travail avec zèle ; mais l'on était si éloigné de songer à s'enrichir, qu'on se croyait assez payé de son travail par une vie douce et frugale.

CV.

Plus répété. Verbes de régimes différents avec un seul complément en français. *Ne pas douter que. Si* ou *tant... que. Tel, tellement que. Obtenir de. Demander à. On rapporte, on dit.*

Plus les princes ont de bonté, plus ils sont aimés et admirés. Je ne doute pas qu'à l'âge où vous êtes, vous n'ayez entendu parler de Cyrus. Étant encore enfant, ce jeune prince avait un caractère si excellent, qu'il ne refusait jamais rien à ses camarades ; aussi en était-il chéri. Il s'était tellement concilié l'affection de ses parents, que, lorsqu'on voulait obtenir quelque grâce du roi, on chargeait ses enfants d'en faire faire la demande par Cyrus. Celui-ci étant aussi obligeant qu'il l'était, avait grand soin de faire ce dont les jeunes gens l'avaient prié. Astyage, son grand-père, ne lui refusait rien de tout ce qu'il lui demandait. On rapporte que lorsqu'il était malade, son petit-fils ne le quittait point, et versait continuellement des pleurs.

CVI.

Tum, tum. *Enseigner. Non pas tant pour... que pour. N'être rien moins que. Tant* admiratif.

Les philosophes tant anciens que modernes ont enseigné que l'âme est immortelle. Pythagore enseignait la métempsycose, c'est-à-dire le passage des âmes dans d'autres corps, tant celles des bons que celles des méchants. Socrate, près de mourir, s'entretint avec ses amis sur l'immortalité de l'âme, non pas tant pour les instruire, que pour s'encourager lui-même à souffrir avec constance un châtiment que la loi avait prononcé. Aussi la philosophie, il faut le dire, n'est-elle rien moins qu'inutile pour supporter avec patience les malheurs auxquels nous sommes exposés. Tant une sage résignation l'emporte sur le murmure et la plainte! tant il est rare de savoir vaincre et le plaisir et la douleur!

CVII.

Natus annos septem. *Questions de lieu. Commander de. N'avoir garde de. Si* ou *tant que. Ne pas craindre de.* Participe passé précédé de *ayant.*

Annibal n'était âgé que de neuf ans lorsque son père le mena au pied des autels, et lui commanda de jurer une haine implacable aux Romains. Il n'eut garde de manquer à sa promesse. Bientôt il fit de si grands progrès dans l'art militaire, qu'il mérita à l'âge de vingt-six ans de prendre le commandement des troupes, et ne craignit pas de faire le siége de Sagonte, ville alliée des Romains. L'ayant prise d'assaut, il franchit les Alpes, et, arrivé en Italie, il ne craignit pas de livrer trois batailles à ce peuple conquérant. Vainqueur à Cannes, il envoya à Carthage trois boisseaux remplis d'anneaux d'or, pris sur les chevaliers tués dans ce combat.

CVIII.

De devant un infinitif. *Accuser. Craindre de.* Questions de temps et de lieu.

Stagyre, ville de Macédoine, se glorifie d'avoir donné le jour à Aristote qui fut disciple de Platon. On sait que Philippe, père d'Alexandre, s'applaudit de pouvoir donner un tel maître à son fils. Il ne fut pas plus tôt de retour à Athènes, où il avait été élevé dès son enfance, que les magistrats de cette ville se firent un honneur de lui donner le Lycée, où il philosopha en se promenant, d'où sa secte fut appelée la secte des Péripatéticiens. Ce grand homme ayant été accusé d'impiété, et craignant d'éprouver le même traitement que Socrate, se retira à Chalcis, où, durant son exil, il composa plusieurs ouvrages. Il mourut 522 ans avant J. C.

CIX.

Verbes passifs français qui n'ont pas de passif en latin. *Faire* devant un infinitif. *Engager, exhorter à.* Verbes de préférence. *Trop... pour. Après avoir.* Questions de lieu, par analogie. Questions de temps.

Servius Tullius, sixième roi de Rome, fut favorisé de la fortune. Il était né d'une esclave, qui avait été donnée à Tarquin à cause de sa beauté et de sa noblesse. Les belles qualités de ce jeune homme furent admirées par Tanaquil, femme de Tarquin. Elle le fit élever avec les princes ses enfants, engagea son mari à le prendre pour gendre, et contribua de tout son pouvoir à l'élé-

vation de ce jeune homme, que les Romains préférè-
rent aux fils de Tarquin, trop jeunes pour commander.
Après avoir soumis les peuples voisins, il distribua le
peuple en cinq classes, et chaque classe en centuries.
Il agrandit la ville et augmenta le nombre des sénateurs. Il fut, après un règne de quarante ans, assassiné
par Tarquin, son gendre.

CX.

Participe présent dans une phrase absolue. *Quel* entre deux
verbes. Questions de lieu par analogie. OPORTET, NECESSE EST.
Superlatif relatif.

Les animaux étant malades de la peste, le lion les
convoqua tous par un édit solennel. Quand ils furent
tous rassemblés, il leur tint ce discours : « Vous voyez,
mes amis, quel malheur pèse sur nous. Le taureau
succombe sous la charrue, le cheval oublie sa pâture,
le loup épuisé expire au milieu des agneaux languis-
sants, le doux concert des oiseaux ne se fait plus entendre. Une peste affreuse étend sur nous ses ravages,
et c'est sans doute en punition des fautes que nous
avons commises. Il faut que le plus coupable d'entre
nous se dévoue. Que chacun donc fasse une confession
publique de sa vie privée, qu'il examine sa conscience.
Il faut que, sans dissimulation aucune, la vérité seule
se fasse entendre. »

CXI.

C'est. Non-seulement, mais encore. Accuser, convaincre.

« Pour moi, dit le lion, j'ai dévoré maintes brebis et
même quelquefois le berger. Je me dévouerai donc s'il
le faut, heureux mille fois si je puis, par ma mort,

vous procurer à tous la vie et la santé !—Manger le berger, se récrie aussitôt le renard, mais c'était, seigneur, en le croquant, lui faire trop d'honneur.» Tels furent à peu près les aveux du tigre, de l'ours et des plus grands personnages. Ils n'obtinrent pas seulement leur pardon, ils reçurent encore des éloges. L'âne vint à son tour et dit : « Je passai un jour, il m'en souvient, dans un pré de moines, l'herbe était tendre; l'appétit ou peut-être un mauvais démon me poussant, je tondis quelque peu d'herbe en passant.» Tous aussitôt de crier à l'impie, au sacrilége, et, convaincu d'être l'unique cause du mal, le malheureux est sur-le-champ mis en pièces.

CXII.

Combien. Quel admiratif. Comparatifs. Verbes de prix ou d'estime. *Autant de*. REFERT. *De* français que l'on doit négliger.

Rien de plus utile que la science; néanmoins, combien de gens la négligent! Heureux celui qui en acquiert une solide! la science est bien préférable aux richesses. Souvenons-nous cependant que la science sans la vertu perd tout son éclat. Quelle joie ne procure pas cette dernière à celui qui la pratique! Qui devons-nous le plus estimer, de celui qui a beaucoup d'instruction ou de celui qui est fort charitable? celui qui aime à secourir l'indigent. Y a-t-il un vice plus détestable que l'inhumanité? et cependant combien de personnes en sont entachées! Rien de plus avantageux que de se corriger de ses défauts! ce sont autant d'ennemis que l'on poursuit, et avec qui il importe souverainement de ne pas rester en paix.

CXIII.

Assez peu pour. Quel entre deux verbes. *Assez pour.*

Vous n'êtes pas assez peu instruit pour ignorer quel fut le successeur de David. Ce jeune prince fut assez heureux pour préférer la sagesse à tous les autres biens. Il fut assez estimé, non-seulement de ses voisins, mais encore des étrangers, pour que la reine de Saba voulût être témoin de sa sagesse et de sa magnificence. Il eut un règne assez long pour faire construire un temple magnifique au Seigneur, et assez de bonheur pour jouir pendant tout son règne d'une paix profonde. Néanmoins, il oublia, sur la fin de sa vie, cette haute sagesse qui l'avait rendu l'objet de l'admiration de son siècle, et Roboam, son fils, osa méconnaître la soumission qu'il devait à un père.

CXIV.

Questions de lieu. *Sans* devant un infinitif. Nom de matière.
Si ou *tant... que.*

Lorsque j'arrivai à Thèbes, je ne pus sortir de cette ville si célèbre sans être présenté à Sésostris qui en était le roi. Je ne pus voir sans être saisi d'admiration l'étendue immense de cette ville, sans parler de sa population. On n'y voit point de place publique sans fontaine ou obélisques. Les temples y sont de marbre, d'une architecture simple, mais sans magnificence. Le palais du prince est si vaste qu'il semble former une seconde ville. On ne peut y faire un pas sans rencontrer des colonnes de marbre, des pyramides, des statues colossales, des meubles d'or et d'argent massif. Le roi ne passe aucun jour sans écouter les plaintes de ses sujets.

CXV.

*Que ou combien. Un peu. Peu. Questions de temps et de lieu.
Moins... que. Trop peu... pour. Tel... que.*

Combien le nom d'ami est commun, mais que les
vrais amis sont rares ! Crésus fut heureux de se rappeler,
quoiqu'un peu tard, le souvenir de Solon. Ce philosophe
n'était resté que peu de temps à la cour du roi de Lydie,
et son séjour y fut moins long qu'il n'eût été avantageux à ce prince. Il faisait trop peu de cas, pour le
flatter, des richesses, ainsi que tant d'autres qui se montraient moins attachés à sa personne qu'à sa fortune.
Ce prince reconnut, mais un peu tard, la sincérité de
ses discours, lorsqu'il se vit abandonné de tous ses faux
amis. Au lit de la mort, les sages avis qu'il avait trop
négligés, firent sur lui une telle impression, qu'il ne
put s'empêcher de redire plusieurs fois le nom de ce
grand homme.

CXVI.

*Verbes passifs français qui n'ont pas de passif en latin. Quelque...
que. Falloir, devoir. On dirait que. On voit.*

L'île de Crète, si célèbre par ses cent villes, est ad-
mirée de tous les étrangers. Quelque nombreux que
soient ses habitants, elle leur suffit abondamment. Sans
doute il y faut cultiver la terre, mais elle ne se lasse
point de fournir aux besoins du cultivateur laborieux.
Son sein fécond semble ne devoir jamais s'épuiser. On
dirait qu'excellente mère, elle multiplie ses dons en raison du nombre de ses enfants. Du moins faut-il que
ceux-ci se rendent dignes de ses largesses par l'assiduité
de leur travail. On n'y connaît point l'ambition et l'ava-

rice, ces deux sources du malheur des hommes. Aussi voit-on généralement régner l'abondance, la joie, l'union et la paix.

CXVII.

Au lieu de. Ne... que. Au lieu que. Tel.

Sésostris, parvenu à une extrême vieillesse, mourut subitement, au lieu de vivre plus longtemps pour le bonheur de ses sujets. « O dieux ! s'écriaient les vieillards, l'Égypte n'eut jamais un si bon roi. Elle pleure, au lieu que les nations voisines, jalouses de son bonheur, lui insultent. Au lieu de nous l'ôter jamais, pourquoi n'avez-vous fait que nous le montrer ? — L'espérance de l'Égypte est détruite, se disaient les jeunes gens : nos pères ont été heureux de vivre sous un si bon roi, au lieu que nous ne l'avons vu que pour sentir notre perte. » Chacun voulait voir encore le corps de Sésostris, chacun voulait en conserver l'image. Tels sont les regrets que laisse après lui un monarque sage et prudent.

CXVIII.

Sans. Sans devant un infinitif.

Sésostris croyait qu'il ne pouvait être roi sans faire du bien à ses sujets, sans les aimer comme ses propres enfants. Quand je parus devant lui, je le trouvai assis sur son trône, ayant le sceptre à la main. Il était âgé, mais agréable, sans cette humeur triste et fâcheuse que l'on reproche quelquefois à la vieillesse. Il jugeait les peuples avec une patience et une sagesse auxquelles on pouvait applaudir sans flatterie. S'il arrivait quelques étrangers dans ses États, il ne voulait pas qu'ils en sortissent sans leur avoir donné audience. Il était persuadé qu'en s'instruisant des mœurs et des coutumes des peuples, on n'est pas sans apprendre quelque chose d'utile.

CXIX.

Plus que devant un verbe. *Assez... pour. Plus , moins. Combien. Le moins , le mieux.* Verbes de prix ou d'estime et de préférence en rapport avec ces adverbes.

Pourquoi, lorsque la fortune nous sourit, vouloir goûter plus de plaisirs que nous ne devrions? Que ne sommes-nous assez sages pour en estimer plus la privation que la jouissance! Combien une vie occupée n'est-elle pas préférable à une vie toute consacrée au plaisir! L'homme le moins instruit est aussi celui que nous estimons le moins. Que de gens préfèrent leur intérêt privé au bien public! On hait plus celui qui couvre la perfidie du voile de l'amitié, que celui qui nous déclare une guerre ouverte. On doit avoir plus de soin de se garantir du premier que du second. Celui-ci est moins cruel ; celui-là est beaucoup plus dangereux.

CXX.

Autant. Plus , moins. Trop devant un adverbe.

Ésope a écrit un grand nombre de fables; la Fontaine n'en a pas composé autant. Celui-là, comme inventeur du genre, paraît devoir être plus estimé. Que j'aime dans la Fontaine certaines fables ! Quoique je les trouve toutes d'un art inimitable, il y en a cependant que je préfère. Il me semble que cet auteur a une naïveté qui fait son caractère, et que l'autre n'en a pas autant. Il faut lire attentivement ses fables pour en sentir la beauté, mais trop souvent nous n'écoutons que notre curiosité, et nous sacrifions l'instruction au plaisir. La fable renferme de sages maximes pour la conduite de la vie. En nous peignant nos défauts dans les animaux qu'elle nous présente, elle nous les fait remarquer davantage et sans que nous en soyons moins choqués.

CXXI.

Participe passé précédé de ayant. Ordonner. Questions de lieu. S'attendre à. Combien. C'est. Le moins possible. Tel répété.

Un brocanteur avait vendu à la femme d'un empereur romain des pierreries fausses, qu'il avait néanmoins protesté être de bon aloi. Cette femme ayant porté ses plaintes à son mari, l'empereur donna l'ordre d'arrêter le marchand, et de l'exposer aux bêtes. Le malheureux, jeté dans l'arène, s'attend à souffrir la mort la plus cruelle. Mais combien n'est-il pas agréablement surpris, lorsqu'on lâche contre lui l'animal le moins redoutable : c'était une brebis. L'impératrice, qui en a été témoin, court aussitôt se plaindre à son époux. L'empereur lui répond : « Cet homme est coupable de vous avoir vendu le moins fidèlement qu'il a pu, d'avoir trompé votre confiance. En un mot, il a trompé, il l'a été à son tour : tel crime, tel supplice. »

CXXII.

Questions de lieu. Ayant suivi d'un participe passé. A peine... que. Questions de temps.

Un berger était occupé à faire paître son troupeau sur le bord de la mer; il avait pu se suffire avec ce revenu. Mais, ayant vu des marchandises exposées, il vendit son troupeau; et, de berger devenu marchand, il voulut essayer du commerce. Ayant donc équipé un vaisseau, il se résolut à confier à la mer toutes ses espérances. A peine s'est-il éloigné du port, qu'il est assailli par les vagues les plus furieuses, et se voit forcé de jeter tout son bagage à la mer. Il se sauve néanmoins, et de marchand le voilà devenu valet. Ayant, au bout de quelque temps, amassé quelques écus, il acheta encore des brebis. Un jour qu'il les faisait paître, par un temps calme, au bord de la mer: « Ondes perfides, s'écria-t-il, se fie à vous qui voudra, pour moi je profite de la leçon que j'ai reçue. »

CXXIII.

Ce que ou *ce qui, c'est que. Assez pour. Combien* entre deux verbes. REFERT. *Tant soit peu. Il n'y a pas lieu de douter que. Questions de temps. Être capable* ou *incapable de.*

Ce qu'on a de la peine à concevoir, c'est qu'il se trouve des jeunes gens assez aveugles pour ne pas sentir combien il est important pour eux de mettre à profit le temps de leurs études. S'ils faisaient tant soit peu usage de la raison que Dieu leur a donnée, il n'y a pas lieu de douter qu'ils ne reconnussent la sagesse des avis qu'ils reçoivent tous les jours de leurs parents et de leurs maîtres, et qu'ils ne changeassent de conduite. Ils se corrigeraient bien vite de cette paresse qui les rend malheureux pendant tout le temps qu'ils passent au collége, et qui sera cause que, dans la suite, ils seront incapables de paraître dans le monde avec honneur, et d'être utiles à leurs concitoyens.

CXXIV.

A devant l'infinitif pour *en* suivi du participe présent. Tum, tum. *Si* ou *tant... que. Quel* admiratif. *Ayant* suivi du participe passé. *Tant* admiratif.

Quel plaisir nous goûtons à lire les ouvrages des anciens philosophes tant grecs que romains! Nous avons pour eux tant d'estime, que nous ne craignons pas de les préférer aux auteurs de nos jours. La plupart ont des sentiments si élevés sur la Divinité et sur la nature des choses, que nous ne les lisons qu'avec une sorte d'admiration. Quel témoignage ils rendent de l'existence d'un Dieu qui régit l'univers! Si l'on remarque chez les anciens quelques athées, il faut dire qu'ils furent condamnés à la mort ou à l'exil. Protagore ayant écrit au commencement d'un livre, qu'il ne savait s'il existait un Dieu, fut banni à perpétuité : tant les Athéniens redoutaient ceux qui pouvaient troubler l'État par des principes erronés !

CXXV.

Combien entre deux verbes. Question quò Eo lusum. *Après avoir* devant un participe. Questions de temps.

Il n'est personne parmi vous qui ignore combien fut révéré l'oracle de Delphes, et qui ne sache que tous les peuples de la terre venaient en foule dans cette ville offrir à Apollon leurs vœux et leurs dons. Mais enfin, après avoir été un objet de vénération pendant plusieurs siècles, il ne parut aux nations plus éclairées qu'une pure illusion. Longtemps auparavant, les sages avaient secoué le joug de la superstition. Ils croyaient que ces oracles n'étaient que tromperie, et que les poëtes étaient autant d'imposteurs. Cicéron en parle en termes pleins de mépris ; et les plaisants de son temps disaient, à cause des vers détestables qui servaient de réponse aux consultants, qu'Apollon, ce dieu de la poésie, était le plus insipide des poëtes.

CXXVI.

Quelque... que ; quelque peu... que. Douter. Tout... que.

Quelques victoires qu'Alexandre ait remportées, quelque nombreuses que fussent les armées qu'il ait vaincues, en quelque peu d'années qu'il ait subjugué la vaste monarchie des Perses, je doute néanmoins qu'il puisse être mis au-dessus de son père. Philippe avait des qualités précieuses pour un roi ; et, toute politique que fût sa conduite envers ses alliés, il n'en fut pas moins chéri de son peuple, dont il se montra le soutien. Tout valeureux que fût Alexandre, tout magnifique qu'il fût dans ses largesses, toutes belles même que fussent la plupart de ses entreprises, on lui reprochera, comme une tache indélébile, le trépas de ses plus fidèles amis, et l'extravagance qui le porta à se faire déclarer fils d'un dieu, abjurant ainsi tout sentiment de piété filiale envers un père dont les exploits avaient préparé cette conquête même de l'Asie dont il faisait trophée.

CXXVII.

Qui et que relatifs. DIGNUS LAUDE. Propre à devant un infinitif. Quel... que. Peu. Il importe. Laisser devant un infinitif.

Les jeunes gens que vous avez fréquentés jusqu'à ce jour m'ont paru bien dignes de l'affection que vous n'avez cessé de leur porter. Les ouvrages de l'antiquité que nous avons placés dans vos mains, sont bien propres à vous inspirer des sentiments de vertu et d'honneur. Quelles que soient vos dispositions naturelles, de quelque intelligence que vous soyez doués, il ne faut pas croire cependant que vous puissiez, sans un travail et une application soutenus, mériter ces glorieuses récompenses qui doivent être, à la fin de l'année classique, décernées au plus digne. Vous n'avez que peu de mois encore à parcourir : il vous importe donc de ne pas vous laisser devancer par des émules qui triompheraient à vos yeux, tandis que vous pouvez encore rendre la victoire incertaine, ou mieux, la faire pencher en votre faveur.

<h2 style="text-align:center">CXXVIII.</h2>

Ayant ou *s'étant* devant un participe. *Ne pas douter que*. Noms de nombre. Questions de lieu.

Un aveugle avait caché dans un coin de son jardin cinq cents écus; son voisin, s'en étant aperçu, les déterra et les prit. L'aveugle, ne trouvant plus son trésor, ne douta point que ce ne fût son voisin qui l'avait enlevé. Il va donc le trouver, et, comme ils vivaient assez bien ensemble, il lui dit sans mystère : « J'ai chez moi mille écus; cinq cents autres sont placés en lieu sûr; je viens vous consulter pour savoir si je dois mettre ceux-ci avec les autres. » Le voisin aussitôt de lui répondre : « Je ne vois nul inconvénient à les mettre ensemble; » et il reporte aussitôt les cinq cents écus pour en gagner mille. Mais l'aveugle, ayant retrouvé son argent : « Compère, dit-il à son voisin, l'aveugle, tu le vois, a vu plus clair que celui qui a deux yeux. »

CXXIX.

Questions de lieu. *Ne... que. Si... que.*

Arrivé au milieu d'un bois antique et sacré, je fus introduit dans l'assemblée des vieillards que Minos a établis juges du peuple. Je me plaçai au pied de leurs siéges, et ils ouvrirent le livre où toutes les lois de Minos sont recueillies. En approchant de ces vieillards, je me sentis pénétré de respect et de honte. Leurs cheveux étaient blancs, plusieurs n'en avaient pas sur le sommet de la tête. On voyait reluire sur leurs visages une sagesse douce et tranquille. Ils ne se pressaient point de parler; ils ne disaient que ce qu'ils avaient résolu de dire : ils ne s'interrompaient jamais au milieu de leurs discours. Quand ils étaient d'avis contraire, ils étaient si modérés à soutenir ce qu'ils pensaient, qu'on aurait cru qu'ils étaient d'une même opinion.

CXXX.

Ne plus. Vous ne sauriez croire. Questions de lieu. *Sans* devant un infinitif. *Savoir* devant un infinitif, ou *savoir* signifiant *pouvoir. Soit* répété. *Combien* entre deux verbes.

Les Crétois, lorsqu'ils n'ont plus de roi, en choisissent un qui sache conserver dans leur pureté les lois établies. Vous ne sauriez dire les mesures qu'ils prennent pour faire ce choix. Les principaux habitants des cent villes s'assemblent dans la capitale. Ils ne sauraient procéder à une élection aussi importante sans commencer par des sacrifices. Des jeux publics sont préparés, où tous les prétendants combattent, car ils ne sauraient donner la royauté qu'à celui qui sera jugé vainqueur de tous les autres, soit du côté de l'esprit, soit du côté du corps.

Vous ne sauriez croire combien ils regardent la force et l'adresse du corps, aussi bien que la sagesse et la vertu, comme des qualités essentielles à un roi, et sans lesquelles il ne saurait bien commander.

CXXXI.

Questions de temps. *Ne cesser de. A peine..., que. Pour* devant un infinitif. *Finir par* devant un infinitif.

Descartes se livra de bonne heure à l'étude de la géométrie, et dès l'âge de dix-huit ans il déclara qu'il voulait embrasser la profession des armes. L'historien de sa vie nous apprend qu'il se signala dans plusieurs siéges. Néanmoins, au milieu des combats, il ne cessait de se livrer aux mathématiques. Il était à peine entré au service, qu'on proposa un problème très-difficile. Descartes fut le seul qui en trouva la solution. De retour à Paris, il songea à mettre au jour son système complet de philosophie; mais pour exécuter plus aisément ce grand dessein, il se retira pendant vingt-cinq ans de toute société. Il finit par se fixer auprès de Christine, reine de Suède, qui le combla de bienfaits lui et les siens.

CXXXII.

Un jour que. Aller devant un infinitif, différent *d'aller* dans je vais jouer (EO LUSUM). Question de lieu. *Engager, exhorter à.*

Un jour que Fénelon, archevêque de Cambrai, allait célébrer les saints mystères, il aperçut une bonne femme qui paraissait vouloir lui parler. Il s'approche d'elle avec bonté, et l'exhorte à s'expliquer sans crainte. « Monseigneur, dit-elle, en lui présentant une pièce de douze sols, je n'ose... mais j'ai beaucoup de confiance en vos prières : je voudrais vous prier de dire la messe pour moi.—Donnez, ma bonne, lui dit le prélat, votre aumône sera agréable à Dieu. Messieurs, dit-il aux prêtres qui l'accompagnaient pour le servir à l'autel, apprenons à honorer notre ministère. » Après la messe, il fit remettre à cette femme une somme considérable, et lui promit de dire une seconde messe le lendemain à son intention.

CXXXIII.

Un jour que. Venir de. Autant que. Ne... que.

Un jour que Charles XII, roi de Suède, traversait une province de la Pologne, à la tête de son armée, un paysan vint se jeter à ses pieds, pour lui demander justice d'un grenadier qui venait de lui enlever ce qui était destiné pour le dîner de sa famille. Le roi ayant appelé le soldat : « Est-il vrai, dit-il d'un ton sévère, que vous avez volé cet homme? — Sire, dit le soldat, je ne lui ai pas fait autant de mal que Votre Majesté en a fait à son maître. Vous lui avez pris un royaume, et moi je n'ai pris à ce rustre qu'un dindon. » Le roi fit remettre dix ducats au paysan, et pardonna au soldat en faveur de la hardiesse de son bon mot; mais il ajouta : « Souviens-toi, mon ami, que si j'ai pris un royaume à Auguste, je n'en ai rien gardé pour moi. »

CXXXIV.

Ne cesser de. Enseigner. Sans devant un infinitif. Si suivi de ne. Être persuadé que. Que retranché suivi d'un conditionnel. Bien loin de. Se mettre peu en peine. C'est ou ce n'est pas au commencement d'une phrase.

En vain les maîtres les plus habiles ne cessent de vous inculquer les principes des sciences qu'ils vous enseignent; en vain même vous passez les jours entiers à l'étude, sans donner aucun relâche à votre esprit; vous ne ferez point de progrès, si vous ne vous montrez plus pieux. Il est certain que Dieu est le maître et l'auteur de tous les biens. Croyez-vous qu'il accordera ses dons à ceux qui ne le prient pas? Si vous ne laissiez passer aucun jour sans lui rendre hommage, je suis persuadé qu'il favoriserait votre travail, et que vous profiteriez davantage des leçons que l'on vous donne. Bien loin de porter les autres à la prière, vous paraissez vous-mêmes vous mettre peu en peine d'offrir à Dieu vos travaux. Ce n'est pas avec une semblable conduite que vous mériterez l'estime publique.

CXXXV.

Sans devant un infinitif. *Savoir* devant un infinitif.

Tous les auteurs de nos annales nous représentent Charlemagne non-seulement comme un héros, mais encore comme l'ornement et la gloire de l'humanité. Ce prince avait la taille haute, un air de dignité dans le maintien, et je ne sais quoi de majestueux dans les traits. Il semblait né pour commander à l'univers entier. A ces dons de la nature venaient se joindre les qualités de l'esprit et du cœur. L'Italie, l'Espagne, l'Allemagne, l'Orient entier conspirèrent contre lui; il vit sans s'émouvoir tous ces préparatifs. Également tranquille au milieu des combats et dans le sein de la paix, il savait pourvoir à tout avec une vigilance extrême. On l'a comparé à César et à Alexandre pour le mérite militaire; il était au-dessus d'eux pour l'éclat des vertus.

CXXXVI.

Ayant ou *s'étant* devant un participe passé. *On.*

Une maladie contagieuse s'étant mise dans l'armée de Turenne, on reconnut dans cette occasion jusqu'où allait sa bonté pour le soldat. Il ne se passait pas de jour qu'il ne visitât les malades. Il les soulageait par ses libéralités, pourvoyait à leurs besoins, et leur parlait avec une noble familiarité. Quand l'argent lui manquait, il empruntait du premier officier qu'il rencontrait, le priant de se faire payer par son intendant. Celui-ci, soupçonnant que l'on exigeait plus que l'on n'avait prêté à son maître, s'en plaignait à lui. « Non, dit Turenne, il n'est pas possible qu'un officier aille vous demander une somme qu'il n'a point prêtée, à moins qu'il ne soit dans un extrême besoin; et dans ce cas il est juste de l'assister. »

CXXXVII.

Tel... que. Qui interrogatif. *Savoir* suivi d'un infinitif. *Tel... qui.*

De toutes les vertus dont il convient qu'un prince soit orné, il n'en est pas de plus belle que la bienfaisance. Elle doit être telle, qu'elle imite la Divinité qui veut le bonheur de tous les hommes. On sait que les Scythes, poursuivis par Alexandre au milieu des forêts qu'ils habitaient, dirent à ce prince qui voulait passer pour le fils de Jupiter-Ammon : « Tu n'es pas un dieu, puisque tu fais du mal aux hommes. » Qui n'admirerait de telles paroles? qui ne blâmerait l'ambition d'un tel prince, et sa ridicule vanité? La plupart des hommes ne savent pas se modérer dans la prospérité : leur bonheur les aveugle; mais tel est aujourd'hui comblé des faveurs de la fortune, qui demain en éprouvera toutes les rigueurs.

CXXXVIII.

Plus répété. Verbes à syntaxes différentes ; changement du passif en actif. *Douter, doute, douteux* avec négation. Poenitet, pudet, etc. *Craindre. D'autant plus... que. Combien de, quel, quels* entre deux verbes. *Attendre que,* etc.

Vous n'ignorez pas, jeunes disciples, que plus un jeune homme est docile aux avis des maîtres, plus il est aimé, estimé et félicité des honnêtes gens. Aussi suis-je surpris que vous ne suiviez pas les bons conseils que l'on vous donne. Il n'y a pas de doute que vous ne vous repentiez un jour de votre indocilité; mais il est à craindre que vous ne vous en repentiez trop tard. L'expérience apprend tous les jours que les mauvaises habitudes se corrigent d'autant plus difficilement, qu'elles sont plus invétérées. Vous ne sauriez croire combien d'ennemis vous environnent de toutes parts, et quels dangers vous menacent. Toutes les passions commencent déjà à assiéger votre cœur : attendrez-vous, pour leur résister, que vous ayez perdu votre liberté? Croyez-moi, accoutumez-vous de bonne heure à pratiquer la vertu, et soyez persuadés qu'elle seule peut vous procurer le bonheur, après lequel vous soupirez ardemment. Ainsi l'ont pensé, et non sans raison, les sages de tous les siècles.

CXXXIX.

Tant s'en faut que..., qu'au contraire. Pour peu que.

Il y a des gens, qui le croirait? qui ne conçoivent pas comment on peut aimer la lecture. « Est-il rien, disent-ils, de plus ennuyeux que d'être collé du matin au soir sur un livre? » Lorsqu'on tient un pareil langage, on fait bien voir qu'on n'a aucune teinture des lettres. De l'avis de tout homme instruit, tant s'en faut que la lecture ennuie, qu'au contraire elle a des charmes inexprimables. En effet, combien le temps paraît court, quand on le passe à lire les beaux ouvrages que nous a laissés l'antiquité! est-il un homme, pour peu qu'il ait d'esprit, qui ne soit enchanté des vers si doux, si mélodieux, de Virgile? y a-t-il quelqu'un qui ne prenne plaisir à méditer les discours si éloquents de Cicéron? Que dirai-je des fables si ingénieuses de Phèdre lui-même? Qui pourrait ne pas être charmé de les lire? Quoi de plus facile que sa diction? de plus fin que ses pensées? Ce charmant auteur peint tout avec des couleurs si vives, qu'on croit voir les choses qu'il raconte, et qu'on se figure entendre les animaux qu'il met en scène.

CXL.

Quantum abest ut. *Autant... que... Malgré. Ne pouvoir s'empêcher. Plus* avec les verbes d'estime.

Qu'il s'en faut qu'Alexandre eût autant de prudence que Philippe son père! Malgré les grands éloges qu'on a donnés au premier, je ne puis m'empêcher d'estimer davantage le second. Alexandre, il est vrai, aimait la gloire, et c'est elle seule qui lui faisait concevoir ses grandes entreprises. Mais il oublia, en plusieurs occasions, que la véritable gloire consiste dans les choses véritablement louables et utiles. En effet, un conquérant qui ne ferait que ravager et détruire, serait digne de la célébrité d'Érostrate, qui, pour rendre son nom immortel, brûla le temple d'Éphèse. Le véritable héros est celui qui sait mettre des bornes à ses désirs, et dont toutes les actions, comme toutes les pensées, n'ont pour but que le bonheur des peuples.

CXLI.

Comparatifs. Adverbes de quantité. *D'autant plus... que. Si ou tant... que.*

Je ne sais par quelle fatalité il est arrivé qu'il y a eu de tout temps sur la terre bien moins d'hommes vertueux que de méchants. C'est à vous de choisir à qui vous aimeriez mieux ressembler. L'homme vertueux ne se repent jamais d'avoir fait le bien. Il trouve toujours dans le témoignage de sa conscience la récompense que l'injustice des hommes lui refuse souvent ; mais le méchant reconnaît tôt ou tard combien le crime entraîne après lui de maux. Car la vengeance divine est d'autant plus terrible, qu'elle est quelquefois plus lente ; elle ne laisse aucun crime impuni. Si les hommes faisaient ces réflexions, verrait-on parmi eux tant de méchancetés ? Que de siècles ne parcourt-on pas, en lisant l'histoire, avant de trouver un seul homme de bien ! au lieu qu'il n'y a pas de page où l'on ne rencontre des scélérats. La vertu est si rare, qu'à l'exception d'un petit nombre qui la pratique sincèrement, elle paraît en quelque sorte exilée de la terre.

CXLII.

Que retranché. *Que* ou *combien. Plus.* Verbes d'abondance.

Vous avez lu dans l'histoire combien les mœurs des premiers Romains étaient simples ; l'histoire nous apprend que les plus grands hommes de la Grèce se contentaient du strict nécessaire, soit dans leur nourriture, soit dans leurs habits, soit dans leur habitation. Vous avez lu que le Thébain Épaminondas n'avait qu'un vêtement. Vous n'ignorez pas qu'à Rome les plus fameux généraux labouraient eux-mêmes la terre, et mangeaient dans des écuelles de bois. Il en est bien autrement aujourd'hui. La vaisselle d'or et d'argent, les meubles précieux, les habits magnifiques ont pris la place de la simplicité et des vertus antiques. Quelques-uns ont pensé que la découverte de l'Amérique a beaucoup contribué à ce changement de mœurs. Les marchands européens y portèrent des ouvrages de bois, de fer, d'étain, et quelques instruments grossiers, qu'ils échangèrent contre des lingots d'or et d'argent. Mais qu'est-il arrivé de là ? Parce que nous regorgeons de richesses, sommes-nous pour cela plus vertueux ? Plus de richesses nous rendent-elles plus heureux ?

CXLIII.

Verbes d'excellence. VIRTUTE PRÆDITUS. FRUOR OTIO. *Demander, recevoir.* DIGNUS LAUDE. BLANDIRI, OPITULARI. VITIO VERTERE ALIQUID ALICUI. *Il importe.* Question QUO. PROPENSUS AD LENITATEM. PRONUS AD IRASCENDUM.

Il est plus glorieux de l'emporter sur ses condisciples en science qu'en agilité ; et celui qui passe pour le meilleur coureur, n'est pas toujours le plus savant de la classe. Sans doute il est beau d'être doué des facultés propres à développer les forces du corps. Mais l'élève qui abuse ou qui se glorifie des facultés qu'il a reçues de la nature, est digne du mépris de ses condisciples. Tous les jours nous félicitons un enfant de sa modestie et de sa sagesse ; mais nous le blâmons de son orgueil et de son indocilité. Il nous importe beaucoup de corriger par des punitions les fautes graves qui peuvent entraîner un jeune homme à sa perte. Mais aussi nous sommes disposés à pardonner les étourderies d'un enfant, lorsqu'elles ne le conduisent pas à des fautes indignes de pardon. Les vices pernicieux auxquels un jeune homme aurait été sujet dans sa jeunesse, sont souvent la cause des malheurs qui lui arrivent dans un âge plus avancé.

CXLIV.

Quelque... que. Si dubitatif. Verbes d'excellence. Question UBI. Question QUANTO TEMPORE. Question QUO. DOCTIOR PETRO. Question QUANDIU. Question QUANDO.

Quelque éclatantes que soient les victoires de César, quelque illustre que soit ce dictateur, si l'on veut comparer sa gloire avec celle de Cincinnatus, je ne sais si le premier doit l'emporter sur l'autre. César, extraordinaire en tout, nous a peint lui-même en trois mots la rapidité de ses conquêtes : *Je suis venu, j'ai vu, j'ai vaincu.* Cincinnatus en seize jours est nommé dictateur, vient de la campagne à la ville, lève une armée, marche aux ennemis, les bat, délivre un consul avec son armée, et rentre triomphant dans Rome dont il assure la tranquillité. Mais ce qui rend à mon avis le dictateur de l'ancienne république plus grand que le dictateur César, c'est que celui-ci, ne consultant que son ambition, mit ses concitoyens aux fers, et garda la dictature toute sa vie, tandis que l'autre, au contraire, après avoir sauvé la patrie, n'hésita pas à abdiquer le seizième jour, et se hâta de retourner à la charrue.

CXLV.

Minari mortem alicui. Do vestem pauperi. Cumulare aliquem beneficiis. Maledicere alicui. Mitto tibi ou ad te epistolam. Question quando. Per me stat quominus, etc.

« Ne menacez pas un chien qui aboie après vous, disait Alexandre Sévère, empereur des Romains; jetez-lui plutôt un morceau de pain : faites du bien à vos ennemis; comblez-les de vos présents. » C'est en effet le moyen le plus sûr d'apaiser leur haine, et de les faire changer de dispositions à votre égard. On rapportait un jour à Philippe, père d'Alexandre le Grand, qu'un officier ne cessait de dire du mal de lui. « Cet homme n'est pas méchant, dit ce prince, je le connais : sans doute je lui ai donné sujet de se plaindre de moi.» Il fit prendre des informations, et apprit que cet officier, n'ayant reçu aucune récompense des services qu'il avait rendus à l'État, était réduit à une extrême pauvreté. Aussitôt il lui envoya une somme d'argent considérable. Quelque temps après, il sut que le même officier publiait partout ses louanges : « Vous voyez, dit le roi à ses courtisans, qu'il dépend des rois de faire parler d'eux en bien ou en mal. »

CXLVI.

Lorsque devant un imparfait. Question quo. Blandiri alicui. Opus est. Sunt qui. *Aller* devant un infinitif. *Tant... tellement que* devant un verbe. Dignus laude. *Pour avoir fait* ou *dit,* etc.

Lorsque Caton demandait la censure, il monta à la tribune aux harangues, et, bien loin de flatter le peuple par un discours étudié, il dit hautement : « Romains, vos maux ont besoin d'un médecin sévère et non d'un lâche flatteur. Il en est parmi vous à qui la conscience fait de secrets reproches; ils redoutent de m'avoir pour censeur; et, pour être plus libres dans leurs désordres, ils vont donner leurs suffrages à mes compétiteurs. Mais s'il vous reste quelque amour pour la vertu, si vous haïssez sincèrement le vice, si vous désirez voir renaître les temps heureux de vos ancêtres, il faut choisir Valérius Maximus et moi pour censeurs. » Caton fut élu, et pendant sa magistrature il montra tant d'intégrité, que les Romains lui érigèrent une statue avec cette inscription : « Caton s'est rendu digne de cette statue pour avoir réformé les mœurs corrompues des Romains, et ramené l'austérité des premiers âges. »

CXLVII.

Douter que. Autant que. Pour peu que. Que ou *combien* devant des substantifs et des adjectifs.

Je doute qu'il y en ait un parmi vous à qui le nom de Villars soit inconnu. Ce grand homme, qui sauva la France à la bataille de Denain, disait que les prix qu'il avait remportés au collége lui avaient fait autant de plaisir que ses plus belles victoires. Pour peu que vous ayez de raison, combien ne devez-vous pas être jaloux d'obtenir ces lauriers de l'enfance, auxquels un des plus habiles généraux que la France ait eus attachait tant de prix ! Que d'efforts ne devez-vous pas faire pour vous en rendre dignes ! car n'allez pas vous imaginer que la gloire s'acquiert sans travail et sans peine. Au collége, comme à Denain, Villars fut toujours appliqué. Imitez ce digne modèle, et, après avoir été comme lui l'ornement de votre classe, vous serez aussi un jour l'ornement de la patrie.

CXLVIII.

*Trop... pour que. Quelque... que. Trop de... pour que. Assez...
pour que. Si fort au-dessus de... ou tellement supérieur à...,
que... Autre chose est de..., autre chose de... Si hautement
que... Ne pouvoir s'empêcher de... Depuis... jusqu'à (QUUM...
TUM...).*

Le trône de la Divinité est trop élevé pour que la
main de l'impie puisse le renverser, quelques efforts
qu'elle fasse pour en venir à bout. Il y a dans l'univers trop de preuves éclatantes d'une intelligence divine, pour que l'impie puisse les effacer. Dieu lui-même
s'est gravé dans notre âme en caractères assez mar-
qués, pour que nous ne puissions le méconnaître. Sa
nature, il est vrai, est si fort au-dessus de l'entendement
humain, que nous ne saurions le comprendre; mais
autre chose est de comprendre Dieu, autre chose est
de le connaître. Nous ne sommes pas assez éclairés pour
approfondir ses perfections; mais tout ce que nous
voyons dans le monde, proclame si hautement son existence, que nous ne pouvons nous empêcher d'en con-
venir. Depuis l'insecte enseveli sous l'herbe jusqu'à ces
corps lumineux qui parent la voûte céleste, tout annonce un souverain créateur.

CXLIX.

Que retranché. Bien autrement que. FORE UT , FUTURUM ESSE UT
avec le subjonctif présent , pour suppléer au futur après le
que retranché , lorsque ce futur manque à l'infinitif latin.
FUTURUM FUISSE UT employé de même pour rendre le conditionnel passé français qui suit le *que* à retrancher. Questions
de temps.

On trouve des sages qui prétendent que la somme des
biens surpasse celle des maux. Pour moi, je pense bien

autrement que ces philosophes ; car il me semble que les hommes [1] auraient pu être plus heureux. Pourquoi cherchent-ils les moyens de se nuire les uns aux autres ? Je suis persuadé que nos descendants auront honte de la conduite que nous avons tenue pendant bien des années. Croyez-vous qu'ils [2] voudraient nous imiter? Vous dites que votre fils aura terminé le long voyage qu'il a entrepris, lorsque vous viendrez me voir. Je lui ai écrit dernièrement ; mais je ne pense pas qu'il puisse me répondre avant quinze jours, bien que je sois persuadé qu'il eût voulu le faire plus tôt.

CL.

Combien ou *que. Quel* devant un adjectif.

Combien il y a de gens avides de gloire ! Mais combien y en a-t-il peu qui connaissent le vrai moyen de l'acquérir ? Je sais combien la gloire véritable mérite d'être estimée et recherchée ; je crois même qu'il faut n'avoir aucune énergie, aucune élévation dans l'âme, pour ne pas travailler à s'en rendre digne ; mais d'un autre côté que devons-nous penser de ceux qui cherchent à acquérir de la réputation par des voies injustes et criminelles ? Combien ce geai de la fable était stupide ! Ce n'est pas sans un certain plaisir qu'on le voit chassé honteusement de la brillante troupe des paons, où il avait eu la sotte arrogance de se montrer sous une parure qui n'était pas la sienne. Mais qu'Érostrate se trompait bien davantage ! on sait que cet insensé prétendit s'immortaliser en brûlant le magnifique temple d'Éphèse. Quelle déplorable immortalité, que celle qui

[1] *Potuisse fieri ut. .*
[2] *Posse fieri ut...*

naît d'un forfait capable d'exciter l'exécration de tous ceux qui en entendent parler !

CLI.

Combien entre deux verbes. *Quoique. Que* retranché. Pœnitet. *Comme..., de même. Avoir lieu de. Être cause que.* Question unde. Oportet.

Vous savez combien les hommes aiment à être flattés; et, quoique personne n'ignore que les louanges sont des piéges, et que ceux qui les écoutent avec plaisir ont souvent lieu de s'en repentir, on voit néanmoins que les flatteurs sont mieux traités que ceux qui disent la vérité. Comme les louanges que l'on accorde à la vertu portent les hommes à la pratiquer, de même les flatteurs, en érigeant en vertus les défauts des autres, sont toujours cause qu'ils ne s'en corrigent pas. Quand Ulysse partit pour aller faire le siége de Troie, il dit à ses amis : « Je vous laisse mon fils; il m'est plus cher que la vie, ayez soin de son enfance. J'espère que, si vous m'aimez, vous éloignerez de lui la pernicieuse flatterie : il faut aussi qu'il soit juste et sincère. »

CLII.

Passer pour. Superlatifs. Questions de lieu. *Rien de plus... que.*

La royauté passe, chez les hommes, pour le plus haut degré de bonheur où il soit permis d'atteindre. A les entendre, c'est être tout que d'être roi. Avec plus de réflexion pourtant, ils comprendraient qu'il n'est rien de plus formidable que le sceptre. Les rois, il est vrai, possèdent de grandes richesses; ils sont entourés de nombreuses escortes; on leur obéit, on les craint; tout se prosterne devant eux. Mais, à leur tour, ils sont en proie à mille chagrins; les inquiétudes les assiégent, les plaisirs même les fatiguent; leur grandeur devient un fardeau insupportable; ils sont moins libres que leurs sujets : un berger, dans sa cabane, est plus heureux qu'un roi sur le trône.

CLIII.

Question QUO. *Que* retranché. *Avoir besoin.* POENITET, PUDET, TÆDET. *Trop... pour. Assez... pour. Que* retranché.

Après deux mois environ de vacances, la cloche vient de vous rappeler dans l'enceinte de cette classe. Livrés à une étude de chaque jour, vous sentiez que vous aviez besoin de prendre quelques délassements. Ennuyés de ne pouvoir depuis si longtemps épancher librement dans le sein de vos parents les sentiments d'amour et de reconnaissance dont vous devez être pénétrés, il vous semblait bien doux de passer quelques jours auprès d'eux. Vos désirs étaient trop justes pour qu'on vous refusât d'y accéder. Aujourd'hui que vos cœurs sont satisfaits, vos esprits reposés, toute votre attention doit se tourner vers l'étude des lettres. Je vous crois, du reste, assez raisonnables pour apprécier les sacrifices pénibles auxquels se condamnent vos parents. Si vous êtes encore dans l'impuissance de les en dédommager par vos services, vous ne pouvez mieux leur montrer que vous y êtes sensibles, qu'en faisant de rapides progrès. Je vous crois tous imbus de bons sentiments; j'ai donc lieu d'espérer que vous n'épargnerez rien pour atteindre le but que vous vous proposez.

CLIV.

(HOC ERIT TIBI DOLORI. Autant de... que de. Bien loin de. Ne pas laisser de. Oublier. Après avoir, etc. Non seulement... mais ou mais encore...)

On ne doit faire un crime à personne de son indigence. En effet, comme il y a autant de folie que de méchanceté à reprocher à quelqu'un les infirmités du corps, quand elles ne sont point le fruit de l'intempérance, de même la pauvreté, loin d'être un déshonneur, a fait les délices des plus grands hommes de l'antiquité. Phocion, ce personnage si distingué par ses talents et les services qu'il rendit à sa patrie, était pauvre. Miltiade, bien qu'il fût parvenu aux premiers emplois de l'armée, ne laissait pas de vivre dans la médiocrité. Socrate, le plus grand philosophe de l'antiquité, avait la plus souveraine indifférence pour les richesses. Pourrais-je oublier Aristide, ce citoyen si recommandable pour sa vertu et sa justice ? Après avoir administré les finances de la Grèce entière, il laissa à peine, en mourant, de quoi fournir à ses funérailles. Nommerai-je encore les Curius, les Fabricius, les Cincinnatus, qui ne firent pas seulement paraître un courage invincible dans la guerre, mais qui tinrent à honneur de conserver la pauvreté de leurs aïeux, et qui eussent regardé comme un crime de devenir plus riches.

CLV.

Ne pas douter que. Mille au pluriel. PRÆDITUS VIRTUTE.

Philippe Auguste vainquit, près de Bouvines, Otton, empereur d'Allemagne. On ne peut douter que cette victoire n'ait été très-importante, puisque les ennemis perdirent trente mille hommes dans l'action. On dit que quelques heures avant le combat, après avoir mis une couronne d'or sur l'autel où se célébraient les saints mystères en faveur de l'armée, il adressa ces paroles à ses soldats : « Généreux Français, s'il est quelqu'un parmi vous que vous jugiez plus digne que moi de porter cette couronne, je suis prêt à lui obéir. Mais si vous ne m'en croyez pas indigne, songez que vous avez à défendre aujourd'hui votre chef, votre patrie, vos biens et votre honneur. » Les soldats lui répondirent à l'instant par leurs acclamations : « Que Philippe reste notre chef. Nous mourrons pour sa défense et celle de la patrie. »

CLVI[1].

Il n'importe pas que... ou que. Question UNDÈ. *Combien* entre deux verbes. *Se mettre en peine de... ou de...,* etc. *Empêcher. Il m'importe de...*

Il n'importe pas que vous soyez d'une naissance illustre, ou que vous soyez sorti d'une famille obscure. Il importe peu que vous ayez reçu de grandes dispositions naturelles, ou que vous n'en ayez que peu, si vous les négligez. Il ne vous importerait pas de savoir ou d'ignorer quelle était l'éducation des Perses, si cette connaissance ne vous prouvait combien elle peut contribuer à votre bonheur et à celui de l'État. Je me mettrais peu en peine de vous en donner quelque idée, ou de la passer sous silence, si je n'en espérais pour vous cet avantage. Les Perses, dans leurs lois, se mettaient peu en peine de punir les désordres; ils croyaient qu'il leur importait davantage d'empêcher les particuliers de devenir méchants. Pour y parvenir, ils ont cru qu'il

[1] Voyez le n° CLXXIV.

leur importait de ne pas confondre les différentes classes des citoyens, mais de les diviser en quatre : celle des enfants, celle des jeunes gens, celle des hommes faits et celle des vieillards.

CLVII.

Peu devant un substantif. *Tant de..., que. Loin de..., au contraire. Prier de. Que* retranché. *Si* conditionnel. *Au lieu de. D'autant plus.*

Il y a peu de princes qui aiment à entendre la vérité. Il est plus difficile encore d'en trouver qui endurent patiemment les injures. Philippe, roi de Macédoine, avait tant de modération, que ceux qui l'avertissaient de ses défauts, loin de lui déplaire, lui faisaient au contraire plaisir. Un jour, une femme du peuple le priait de lui donner audience. Philippe lui ayant répondu qu'il n'avait pas le temps de l'écouter : « Eh bien, lui répondit hardiment cette femme, cesse donc d'être roi. » Si elle eût ainsi parlé à tout autre prince qu'à Philippe, elle n'eût pas manqué d'être punie. Pour Philippe, au lieu de se fâcher, il la satisfit sur-le-champ. Ce trait est d'autant plus louable, que les grands pardonnent rarement les injures qu'ils reçoivent des petits.

CLVIII.

Mériter de. Avidus laudum. *Se repentir. De* pour *que* devant un verbe.

Turenne mérite d'être comparé aux plus grands généraux de l'antiquité. Il était très-habile dans l'art militaire. Les ennemis de la France se repentirent plus d'une fois d'avoir combattu contre lui. Il fut rarement vaincu, parce qu'il joignait la prudence au courage. Personne ne savait mieux que lui concevoir et exécuter un plan de campagne; avec une poignée de soldats on l'a vu couvrir et défendre une province contre une armée entière. Avec toutes ces belles qualités, Turenne était l'homme du monde le plus modeste. Il ne sortit jamais de sa bouche une parole qui annonçât de l'orgueil et de la vanité. Ennemi du faste et de la magnificence, il marchait ordinairement sans suite. Mais il prenait des précautions inutiles pour se cacher; sa réputation le trahissait. A peine paraissait-il en public, que la foule se précipitait sur son passage pour jouir de sa présence.

CLIX.

Sans devant un infinitif. Natus tres annos. *Que* retranché. *Délivrer, racheter,* etc.

On ne peut lire la vie de saint Louis, roi de France, sans admirer l'éclat et la pureté des vertus qu'il réunissait dans sa personne. Il était à peine âgé de onze ans, lorsqu'il monta sur le trône. Dès le commencement de son règne, il sut allier les qualités d'un vrai chrétien à celles d'un grand prince, chose assez difficile à rencontrer. Son exactitude à s'acquitter de ses devoirs remplissait tout le monde d'admiration. Jamais prince ne fut plus propre à gouverner un grand royaume. Il croyait qu'il ne pouvait honorer Dieu comme il convenait, sans rendre ses sujets heureux. Il commença par abattre la fierté des grands qu'il était difficile de mettre à la raison. Par ce moyen, il délivra le peuple d'une foule de petits tyrans dont il était accablé. Ensuite il tourna ses armes contre les ennemis du dehors, mais sans négliger les affaires de son royaume. Il n'allait jamais faire la guerre sans être abondamment pourvu de vivres, et sans avoir amassé assez d'argent pour pouvoir la soutenir et la terminer avec honneur.

CLX.

REFERT, INTEREST. *Son, sa, ses.* Questions de lieu. TEMPUS LE-
CENDI. *On dit, on rapporte. Que* retranché. *Que* relatif. *Après*
devant un infinitif passé. *Être sur le point de.* FUGIT, FÁLLIT,
PRÆTERIT.

Cicéron, dont il vous importe beaucoup de connaître
l'histoire et les écrits, était fils de M. Tullius, chevalier
romain. Son père, qui sentait tout le prix de l'éducation, l'envoya à Rome, où il fit bientôt paraître des talents extraordinaires pour les sciences et les affaires. Il se
rendit ensuite à Athènes, où florissaient alors les beaux-
arts. L'envie qu'il avait de s'instruire le détermina peu
de temps après à passer d'Athènes à Rhodes; ce fut
pendant ce séjour qu'il fit les plus grands progrès sous
Apollonius Molon. On rapporte que Cicéron prononça
alors une harangue qui mérita tellement les applaudis-
sements, que son maître s'écria qu'il déplorait les malheurs de la Grèce, qui, après avoir été vaincue par les
armes des Romains, était encore sur le point de céder à
ses ennemis la palme de l'éloquence. Cicéron, de retour à Rome, y fut élevé aux premières dignités de la
république. On sait avec quelle gloire il géra le consulat.

CLXI.

Douter que. Syntaxe des comparatifs. *Combien* avec *il importe.*
Adverbes de quantité. *Combien* entre deux verbes. *Il importe
à,* etc. *A peine…, que. Pour* suivi d'un infinitif. Syntaxe des
superlatifs. *Ne pas douter que.* Verbes d'abondance. *Si* adverbe. *Tant il importe* (adverbes de quantité).

Je doute fort qu'aucun prince ait mieux compris que
Philippe, roi de Macédoine, combien il importe aux

rois de faire donner à leurs enfants une bonne éducation. « A peine, dit l'histoire, Alexandre, son fils, fut-il né, qu'il choisit pour l'élever Aristote, le plus célèbre philosophe de son temps. Rien, peut-être, ne lui fait plus d'honneur que la lettre qu'il lui écrivit à ce sujet. « Sachez, lui dit-il, que les dieux m'ont donné un fils : puis-je trop les remercier de l'avoir fait naître tandis que vous vivez? Combien je m'estimerai heureux, si vous vous chargez de son éducation ! Je ne doute nullement qu'ayant un aussi grand homme pour maître, il ne règne un jour avec gloire, et ne remplisse l'univers entier du bruit de son nom et de ses vertus.» Philippe avait raison ; car Aristote, s'étant rendu à la cour, sut si bien former son élève et lui inspirer de nobles sentiments, qu'il en fit un très-grand prince. Tant il importe que les parents confient leurs enfants à des maîtres habiles, s'ils veulent qu'ils reçoivent une bonne éducation, qu'ils se fassent un nom et servent utilement leur patrie !

CLXII.

Au lieu de. Tandis que. Bien loin de. Avoir beau.

Au lieu d'étudier leurs leçons et de s'acquitter de leurs devoirs, la plupart des jeunes gens passent leur temps à jouer. Aussi arrive-t-il qu'au lieu de faire des progrès, ils finissent par oublier même ce qu'ils ont appris. Au lieu de briller par leurs talents et leurs connaissances, on les voit rester au-dessous du médiocre. S'ils travaillaient, ils satisferaient leurs parents, tandis qu'ils leur causent des chagrins d'autant plus réels, que le temps perdu à cet âge ne se répare jamais. On a beau leur dire que chaque âge comporte ses connaissances, et qu'il n'est plus temps, lorsqu'une fois on est parvenu à l'âge de la virilité, de se remettre à l'étude, ils nous écoutent à peine, bien loin de suivre ces maximes. Il y a plus : bien loin de se montrer reconnaissants envers ceux qui leur donnent des conseils aussi salutaires, ils croient leur faire une grâce encore de ne pas les haïr. Pour vous, je l'espère, vous tiendrez une tout autre conduite. Au lieu de suivre de si mauvais exemples, au lieu de vous créer, de créer à vos parents les regrets inséparables d'une mauvaise éducation, vous leur procurerez et à vous-mêmes une consolation qu'ils ont droit d'attendre.

CLXIII.

Si, tant... que. Quelque... que. A force de. Tant il est vrai que..., etc. Tant que (questions de temps).

Démosthène eut tant de goût et tant d'ardeur pour l'étude, qu'il vint à bout de surmonter la nature par ses soins, son industrie et ses efforts. Il était si bègue, du moins à en croire le témoignage de divers historiens qui ont parlé de lui, qu'il ne pouvait, quelque effort qu'il fît, prononcer la première lettre de la rhétorique qu'il étudiait. Néanmoins, à force de s'exercer, il réussit si bien, que personne ne prononçait plus distinctement que lui. Il lutta si longtemps et si opiniâtrément contre la nature, qu'il finit par sortir victorieux du combat. Tant il est vrai qu'il n'y a rien qu'un travail assidu et une persévérante exactitude ne viennent à bout de surmonter! Aussi Démosthène devint-il si éloquent, qu'il l'emporte, suivant l'opinion commune, sur tous les orateurs, tant Grecs que Romains. Cicéron, cet habile orateur lui-même, et qui peut-être ne lui fut pas inférieur dans l'art de manier les esprits, faisait tant de cas de ses harangues, qu'il les traduisit du grec en latin; et tant qu'il vécut il ne cessa de les admirer.

CLXIV[1].

Un enfant ayant pris un livre à un de ses condisciples, le porta à sa mère. Au lieu de le punir, la mère l'embrassa. L'enfant, devenu grand, se permit de plus considérables larcins. Il fut pris un jour sur le fait, et condamné à perdre la vie. Pendant qu'on le menait au supplice, il pria l'exécuteur de lui permettre de dire quelques mots à sa mère. Lorsque celle-ci se fut approchée, son fils lui arracha l'oreille avec ses dents. La mère aussitôt, se récriant, lui reprocha d'ajouter l'impiété à tous ses autres forfaits. Déjà les assistants manifestaient leur indignation, lorsque le jeune homme, prenant la parole : « C'est elle, dit-il, qui est la cause de ma perte. Si elle m'avait corrigé quand je dérobais quelques livres, on ne me conduirait pas à la mort. »

CLXV.

La terre n'est jamais ingrate; elle nourrit toujours de ses fruits ceux qui la cultivent soigneusement. Elle ne refuse ses biens qu'à ceux qui lui refusent leur travail. Plus les laboureurs ont d'enfants, plus ils sont riches : car leurs enfants commencent à les aider dans leur travail dès leur plus tendre jeunesse. Les plus jeunes conduisent les moutons dans les pâturages; ceux qui sont plus grands mènent déjà les grands troupeaux; les plus âgés labourent avec leur père. Cependant, la mère prépare un repas simple et frugal à son époux et à ses enfants qui doivent revenir fatigués du travail de la journée. Elle fait un grand feu, autour duquel toute

[1] A partir de cet exercice, nous n'indiquerons plus de règles à suivre.

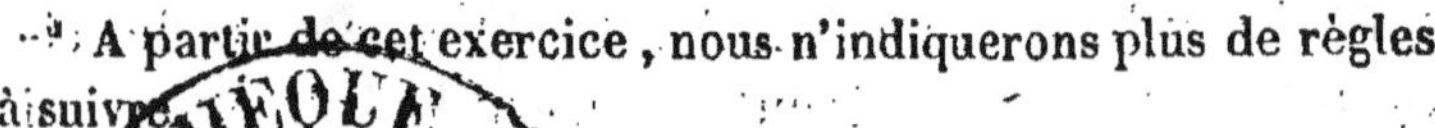

la famille innocente et paisible prend plaisir à chanter le soir en attendant le doux sommeil. Avec la journée finissent les ennuis du travail, et chacun s'endort sans prévoir les peines du lendemain.

CLXVI.

Je vous écris accablé de tristesse. La jeune fille de notre ami Fundanus est morte. Je n'ai jamais vu une personne plus aimable et plus digne de vivre long-temps. Elle n'avait pas encore quatorze ans, et déjà elle montrait toute la prudence de la vieillesse. Avec quelle tendresse elle se tenait attachée au cou de son père! Avec quelle douceur et avec quelle modestie elle recevait ceux qu'il aimait! Avec quelle équité elle partageait son attachement entre ses nourrices et les maîtres qui avaient cultivé ses mœurs ou son esprit! Avec quel goût et avec quelle intelligence elle lisait! Quelle sage réserve elle mettait dans ses jeux! Quelle patience, quelle retenue, quelle fermeté elle a montrées dans sa dernière maladie! Docile aux médecins, elle consolait son père et sa sœur; et, lors même que toutes ses forces l'eurent abandonnée, elle se soutenait encore par son seul courage. O mort vraiment funeste et déplorable! O conjoncture encore plus accablante que cette mort même!

CLXVII.

Caton l'ancien se distingua d'abord par ses vertus militaires, et exerça les premiers emplois de la république romaine. Devenu censeur, il déclara une guerre mortelle au luxe et aux méchants; et cependant les citoyens corrompus n'osèrent jamais ni le calomnier, ni

s'opposer à ce qu'il avait statué pour le bien de la république. Un jour qu'il assistait à certains jeux, le
peuple, en présence d'un homme si vertueux, eut honte
de se livrer à la licence ordinaire à ce spectacle. Mais
le rigide censeur s'en aperçut, et sortit aussitôt pour
ne pas troubler les plaisirs du peuple. Alors toute l'assemblée l'applaudit avec de grands cris, et les jeux furent célébrés suivant la coutume. Cette contrainte d'un
grand peuple en présence d'un citoyen est l'hommage
le plus glorieux qu'on ait jamais rendu à la vertu.

CLXVIII.

Le plus sage des rois propose l'exemple des fourmis
aux jeunes gens qui s'ennuient de l'étude, et leur conseille de les imiter. En effet, peut-on s'empêcher d'admirer l'activité de ces petits animaux dans leur travail ?
Il n'y a peut-être rien de mieux réglé que la petite république des fourmis. On n'y souffre point de paresseux. Ils lui seraient à charge au lieu de la servir. Elles
amassent durant l'été dans leurs greniers de quoi vivre
pendant l'hiver. L'une apporte un pepin de fruit, l'autre un moucheron mort; mais elles préfèrent un grain
de blé, lorsqu'elles en trouvent, parce qu'il peut se
conserver. Craignent-elles, en outre, qu'il ne se gâte,
on dit qu'elles en rongent le germe. Quelle prudence
et quelle sagesse ! Qu'il serait honteux pour vous d'être
moins sages que des insectes qui n'ont ni raison qui les
éclaire, ni maîtres qui les instruisent! Voilà le moment
de faire une ample provision de science et de vertu. Si
vous passez votre vie à ne rien faire, vous vous trouverez dans l'indigence quand vous serez parvenus à un
âge plus avancé.

CLXIX.

Déjà l'univers presque tout entier était pacifié, et l'empire romain était trop puissant pour qu'aucune force étrangère pût l'accabler. Alors la fortune, jalouse de ce peuple maître des nations, l'arma lui-même pour sa propre ruine. Déjà l'autorité de César faisait ombrage à Pompée, et la grandeur de Pompée était insupportable à César : l'un ne voulait point d'égal, l'autre ne pouvait souffrir de maître. Ce fut dans les plaines de Thessalie que se décidèrent les destinées de Rome, de l'empire, du monde entier. L'issue de cette journée fut surprenante. Pompée, qui, avec sa nombreuse cavalerie, croyait pouvoir facilement envelopper César, fut enveloppé lui-même. César se multiplia dans le combat, et se partagea entre les devoirs du général et du soldat. Heureux toutefois Pompée dans son malheur, s'il eût partagé le sort de son armée ! Il survécut à sa grandeur pour fuir avec plus d'ignominie, et périr ensuite par l'ordre du plus lâche des rois, sous les coups du déserteur Septime, aux yeux de son épouse et de ses enfants.

CLXX.

Il se trouve bien peu de parents qui, pour me servir d'une expression tout à fait vulgaire, ne lâchent pas la bride à leurs enfants. Ils leur laissent jusqu'à un certain âge la faculté de tout faire selon leur caprice. Ils ne craignent nullement de dire que la raison, venant avec le temps, les fera changer. On ne doit donc pas être surpris s'il se trouve tant d'enfants qui aient déjà appris à être dissolus, avant de se connaître eux-mêmes. Doit-on attendre qu'un arbre soit devenu grand, pour lui imprimer la direction qu'on veut qu'il prenne? L'expérience ne nous dit-elle pas que plus l'on attendra, plus il sera difficile de lui donner la forme qui lui convient? Ainsi, il est du devoir d'un père qui aime tendrement ses enfants, d'examiner avec le plus grand soin quels sont leurs premiers penchants. Qu'il sache surtout quels sont ceux avec lesquels ils se lient d'abord. On ne saurait douter que, tant qu'ils fréquenteront des personnes vertueuses, les bons exemples de ces dernières ne leur inspirent le goût de la vertu. Mais s'ils font leur société de débauchés, il est sûr que le vice ne tardera pas à s'insinuer dans leur âme.

CLXXI.

Les impies ne sont pas moins dangereux que détestables; et dans les États bien policés on les a toujours regardés comme autant de monstres. Il y eut autrefois à Athènes un nommé Diagoras, qui à la vérité ne manquait pas d'esprit, mais dont le caractère était si dépravé, qu'il se plaisait à tourner les dieux en ridicule. Entre plusieurs railleries de lui assez ingénieuses, on cite celle-ci qui est une des plus impies : se trouvant un jour dans un cabaret, si dénué d'argent qu'il ne pouvait pas même acheter du sarment pour faire cuire son souper, il se mit à fureter partout, et aperçut une statue d'Hercule d'un bois déjà vieux et rongé par les vers : « Illustre fils de Jupiter, dit-il, signale-toi aujourd'hui par un treizième travail en faisant cuire mes lentilles.» En même temps il prit le dieu et le jeta dans le feu.

CLXXII.

Il n'y eut jamais, suivant le témoignage de l'histoire, un peuple plus mou et plus efféminé que les Sybarites.

Ils n'attachaient d'importance qu'au jeu et au plaisir. La frugalité leur était odieuse : ils étalaient dans leurs festins une magnificence sans bornes. Ils poussaient la délicatesse jusqu'à ne pas vouloir souffrir dans leur ville les artisans qui ne pouvaient exercer leur métier sans faire du bruit. C'était un crime de nourrir des coqs : leur chant aurait troublé le sommeil des habitants. Leur unique soin était de former des chevaux à se dresser tout à coup au son de la flûte, et à danser en cadence. Mais cet art futile leur devint fatal. Un joueur de flûte qu'ils avaient maltraité, passa chez les Crotoniates, et leur promit de les rendre maîtres de la cavalerie des Sybarites. En effet, à un signal qu'il donna, les chevaux se dressèrent aussitôt sur leurs pieds de derrière, renversèrent leurs cavaliers, et se mirent à danser au milieu du champ de bataille, tellement que la confusion se mit parmi les Sybarites, qui la plupart tombèrent au pouvoir des Crotoniates.

CLXXIII.

Qui doute que la paix ne soit avantageuse? On trouve cependant des princes qui n'en sentent pas le prix. Ils font la guerre; mais ils ne savent s'ils vaincront ou s'ils seront vaincus. En effet, peuvent-ils compter sur la fortune? Souvent elle persécute ceux qu'elle devrait favoriser, et favorise ceux qu'elle devrait persécuter. Maîtresse des événements, elle distribue les biens et les maux suivant son caprice. Assise, comme le disent les poëtes, sur un trône suspendu dans les airs, et portée par les vents contraires, elle traîne à sa suite la richesse et l'indigence, le despotisme et l'esclavage. Le sage jamais ne mit sa confiance en elle, mais en celui *Qui du haut de son trône interroge les rois.*

CLXXIV [1].

Dès que les enfants des Perses avaient atteint l'âge de cinq ans, on leur apprenait à monter à cheval, à tirer de l'arc, et surtout à toujours dire la vérité. Quelque horreur qu'ils eussent pour les autres vices, rien ne leur paraissait plus honteux que le mensonge. Qu'y a-t-il, en effet, de plus indécent pour un homme bien né, qu'un tel vice? Il serait à souhaiter que tous ceux qui viennent entendre nos leçons, fussent imbus des mêmes sentiments que les enfants des Perses. Tout le monde sait que du moment qu'un jeune homme est reconnu pour menteur, il se fait mépriser en tous lieux, et que ses amis mêmes n'osent approuver sa conduite. Il n'en est pas de même de quelque autre vice que la faiblesse humaine permet quelquefois d'excuser : un menteur est regardé comme une peste dans la société. Il n'est personne de vous assurément qui ne partage cette opinion, qui est celle de tous les honnêtes gens. Les dieux immortels, dit Cicéron, punissent le menteur de même que le parjure.

CLXXV.

Avant la naissance de Jésus-Christ, sauveur du monde, les hommes, ensevelis dans leurs grossières erreurs et entraînés par leur aveugle passion, avaient quitté le chemin de la vertu, et s'étaient plongés dans les vices les plus honteux. On adorait publiquement des idoles de pierre et de bois. On prodiguait à de sales divinités un encens qui n'appartenait qu'au vrai Dieu. En un mot, la face de l'univers était tellement changée, que l'on n'y remarquait plus aucune trace de l'ancienne religion. Les hommes, pour sortir du profond assou-

[1] Voyez le n° CLVI.

pissement où ils étaient, avaient besoin d'un maître habile et éclairé pour les instruire, d'un médecin charitable pour guérir leurs blessures, d'un guide fidèle pour les remettre dans le chemin du salut. Ce maître, ce médecin, ce guide, ils le trouvèrent dans Jésus-Christ naissant. Semblable au soleil, il parut dans le monde, et dissipa par sa lumière les ténèbres de l'ignorance et de l'erreur.

CLXXVI.

On rapporte d'Origène, qu'étant encore enfant, il avait pour la lecture des livres saints la même ardeur que les autres jeunes gens ont d'ordinaire pour les jeux et les amusements. Son père, qui était très-attentif à remplir tous les devoirs de la piété, s'en étant aperçu, avait une si grande vénération pour cet enfant, qu'il s'en approchait pendant son sommeil, et l'embrassait comme la demeure de l'Esprit-Saint. Il ne démentit point dans la suite les principes qu'il avait professés, pour ainsi dire, dès le berceau, ni les belles espérances qu'il avait fait concevoir dès l'âge le plus tendre. Sa vie tout entière fut consacrée à la lecture ou à la composition d'ouvrages pieux. Il joignait à une grande érudition un esprit de critique qui l'a fait distinguer des autres écrivains. Ami de la vérité, il ne se permit jamais de la blesser lui-même, et chercha toujours, même aux dépens de sa tranquillité, à la faire briller, quand la mauvaise foi voulait l'obscurcir.

CLXXVII.

Si les hommes voulaient examiner combien il leur importe d'avoir de la douceur et de la modestie, ils n'iraient pas, comme ils le font ordinairement, s'enorgueillir de tant d'avantages frivoles. Bien loin de se complaire dans leur bonne mine, dans leurs richesses ou dans la noblesse de leur naissance, ils auraient soin au contraire de faire oublier aux autres qu'ils sont au-dessus d'eux. Mais, la plupart du temps, on voit des gens sans aucun mérite personnel s'en faire accroire pour quelques légères prérogatives, qu'ils doivent plutôt à la fortune qu'à leurs vertus. Quelle petitesse d'esprit, de vouloir s'élever au-dessus des autres, parce qu'on a un peu plus d'argent qu'eux ! C'est en vertu, et non pas en richesse, qu'il faut le disputer. En effet, il n'est pas seulement de la gloire, mais encore de l'intérêt des hommes, de songer plutôt à être justes et tempérants, que riches et puissants.

CLXXVIII.

Vous ne pouvez ignorer, mon fils, avec quel soin je vous ai élevé dès l'âge le plus tendre. Aujourd'hui que vous êtes sorti de l'enfance, et qu'on vous abandonne le soin de votre propre conduite, c'est à vous à faire usage des bonnes qualités que j'ai toujours remarquées en vous, et que j'ai tâché de cultiver et de développer. Jusqu'à ce jour, tout le monde s'est accordé à dire toute sorte de bien de vous. Bien que vous ayez déjà le pouvoir de vivre plus librement, faites en sorte qu'on s'entretienne toujours de la même manière sur votre compte. Je veux, avant tout, vous prévenir d'une chose. Entretenez avec soin l'heureuse habitude où vous êtes, de travailler. On est naturellement enclin à renoncer au travail pour l'inaction. Mais considérez de quelle utilité est l'application, et combien le désœuvrement est pernicieux. Si quelquefois le travail vous rebute, jetez les yeux sur tant de malheureux qui sont contraints de gagner leur vie à la sueur de leur front, et vous vous trouverez heureux d'avoir une occupation si douce et si commode.

CLXXIX.

Gustave-Adolphe, roi de Suède, avait prononcé la peine de mort contre tous ceux qui se battraient en duel. Quelque temps après que cette loi eut été portée, deux généraux d'un grand mérite, qui avaient eu quelque démêlé ensemble, demandèrent au roi la permission de vider leur querelle l'épée à la main. Gustave est d'abord indigné : il y consent néanmoins ; mais il ajoute qu'il veut être témoin lui-même du combat, dont il assigne l'heure et le lieu. Il s'y rend avec un corps d'infanterie qui environne les deux champions. Ensuite il appelle le bourreau, et lui dit : « Mon ami, aussitôt qu'il y en aura un de tué, coupe devant moi la tête à l'autre. » A ces mots, les deux généraux restèrent quelque temps immobiles. Puis ils se jetèrent aux pieds du roi, lui demandèrent pardon, et se jurèrent l'un à l'autre une éternelle amitié. Depuis ce moment on n'entendit plus parler de duels dans les armées suédoises.

CLXXX.

La jeunesse est un temps précieux qu'il faut employer utilement ; à aucun autre âge la docilité ni la curiosité ne sont si grandes. La mémoire n'est jamais plus facile ni plus sûre. L'habitude du travail que contractent alors les enfants, ne les quitte plus pendant toute leur vie. On ne saurait trop leur redire qu'ils sont, comme citoyens, membres d'un grand corps, au bien duquel ils doivent contribuer. Qu'ils se souviennent que, quelques professions qu'ils embrassent dans la suite, ils doivent se rendre utiles à leurs concitoyens, et se faire honneur à eux-mêmes, en remplissant dignement les emplois qui leur seront confiés. Aussi, des pères attentifs et des maîtres sages doivent-ils examiner avec le plus grand soin le genre d'étude auquel ils pourront être propres. S'ils sont assez heureux pour bien discerner les inclinations que la nature leur a données, afin de les appliquer à une étude conforme à leurs goûts, ils leur rendront un service bien important, et contribueront en même temps au bien de la société. On ne manque jamais de réussir, quand on prend la nature pour guide.

CLXXXI.

Lycurgue, voulant réformer sa patrie, commença par bannir de Lacédémone tous les arts superflus. Ainsi il interdit la ville aux poëtes, aux sophistes, aux sculpteurs et aux peintres. Et s'il permit aux musiciens d'y rester, c'est que leur art, bien dirigé, lui parut propre à animer le courage. Il bannit aussi l'or et l'argent comme la source de tous les vices; et l'on se servit d'une monnaie de fer d'un si grand poids et d'une si petite valeur, qu'il fallait un chariot attelé de deux bœufs pour porter une somme d'environ cinq cents francs. Ensuite il partagea également les terres entre tous les citoyens, afin que l'étendue des possessions ne mît point entre eux de différence. Quelques années après, revenant d'un long voyage dans le temps de la moisson, et voyant dans les campagnes les gerbes entassées et rangées dans un bel ordre, il dit en souriant à ses amis: « Ne semble-t-il pas que la Laconie soit l'héritage de plusieurs frères qui viennent de faire leur partage? »

CLXXXII.

Il ne faut pas croire que le bonheur dépende des richesses. S'il en était ainsi, plus un homme serait riche, plus il serait heureux. Or, l'expérience nous apprend le contraire. Interrogez ces avares qui ont des sommes immenses d'or et d'argent entassées dans leurs coffres, vous verrez qu'ils sont les plus malheureux des hommes. Ils vous diront que beaucoup de choses leur manquent : la prospérité de leurs voisins excite leur jalousie. Je ne crois pas qu'il se soit jamais trouvé un avare content de son sort. Quel est donc l'homme heureux ? C'est celui qui sait régler ses désirs, qui se contente d'une honnête médiocrité, qui dédaigne les biens de la fortune, qui les regarde comme des avantages peu assurés, dépendant beaucoup plus des caprices du sort que de la prudence humaine. Cicéron observe, avec raison, qu'un homme possédé de la passion des richesses est un malheureux esclave. En effet, un avare se plaint sans cesse, même dans l'abondance, des misères de la vie : ce qui nous fait comprendre qu'il n'y a d'homme véritablement heureux que celui qui met des bornes à ses désirs, qui se contente de ce qu'il possède, et qui n'aspire à rien de plus.

CLXXXIII.

Quand je considère les nombreux avantages qu'on retire de l'étude des belles-lettres, je suis étonné du petit nombre de ceux qui les cultivent. Quoi de plus utile, en effet, que les lettres dans les différentes circonstances de la vie ? Quelle source de consolation pour nous dans l'adversité ! Sommes-nous accablés de chagrins, avons-nous perdu nos biens ou nos amis, ce n'est que dans le sein des lettres que nous trouvons un soulagement à notre douleur et le courage nécessaire pour supporter les coups de la fortune. Démétrius de Phalère, chassé injustement de sa patrie, se retira dans la ville d'Alexandrie. Là, il composa des ouvrages, et goûta un tel plaisir dans l'étude des lettres, que, loin de regretter son ancienne élévation, il se félicita chaque jour de son bonheur. « Que j'ai d'obligations aux lettres et à la philosophie, disait Denys le jeune après avoir été chassé de Syracuse, puisqu'elles m'ont servi à supporter mon malheur avec patience! » Il serait trop long de citer tous ceux qui, parmi les anciens et les modernes, ont avoué avec le plus vif sentiment de reconnaissance, que dans leurs malheurs ils avaient trouvé au sein des lettres l'oubli de leurs maux.

CLXXXIV.

Vous êtes étonné que je vous défende de fréquenter les mauvaises sociétés; et moi, je suis surpris que vous ne vous sépariez pas de vous-même, et sans y être invité, de la compagnie de ceux dont les mœurs corrompues sont condamnées universellement. Ne vous souvenez-vous pas d'avoir entendu dire que l'on nous juge ordinairement tels que ceux que nous fréquentons, et qu'il n'y a rien qui soit plus capable de nous porter au bien ou au mal, que l'exemple? Quelle opinion peut-on avoir d'un jeune homme qui fait plus de cas des hommes débauchés, que de ceux qui se font admirer et estimer de tout le monde par les belles qualités qui les élèvent au-dessus des autres? On court plus d'un danger en se liant avec des gens dont la conduite n'est pas régulière. Quelque réputation qu'un jeune homme se soit acquise, il la perd bientôt dès qu'il commence à fréquenter des gens qui passent dans le monde pour n'avoir point de vertus. Pour peu qu'on ait d'honneur dans l'âme, on doit éviter tout ce qui peut flétrir son nom, et on le flétrit infailliblement dès qu'on fréquente des gens sans conduite.

CLXXXV.

On peut me trouver ridicule si l'on veut, mais la saine raison aura toujours plus de poids chez moi que les préjugés du vulgaire. Je ne dirai jamais qu'on a perdu des biens, quand on aura perdu ses meubles ou ses troupeaux. Je citerai toujours avec éloge ce qu'on rapporte de Bias, l'un des sept sages de la Grèce. Les ennemis ayant pris d'assaut Priène, sa patrie, les habitants s'enfuyaient et emportaient une grande partie de leurs effets avec eux. Quelqu'un l'avertit d'en faire autant : « Je le fais, lui dit-il, j'emporte tous mes biens avec moi. » En effet, il ne regardait pas comme quelque chose qui lui appartînt ces jouets de la fortune que nous appelons biens. Qu'appelez-vous donc *bien*? me dira peut-être quelqu'un de ceux qui m'entendent. Je regarde comme tel ce qui est conforme à l'honneur, à la justice et à la vertu ; mais je ne fais pas assez de cas du reste, pour que je rencontre rien qui puisse mériter ce nom de bien. A mes yeux, ce qui est *bien* ne doit point périr, et la justice, la vertu seules sont impérissables.

CLXXXVI.

Les Anglais assiégeaient Orléans, et la prise de cette ville allait décider du sort de l'empire français, lorsqu'une jeune fille, âgée de dix-sept ans, née dans un village et de parents pauvres, parut sur la scène et devint l'instrument destiné au salut de la patrie. Sa dévotion, sa simplicité, le récit des horreurs de la guerre avaient enflammé son imagination. « Dieu, disait-elle, l'avait envoyée pour délivrer Orléans et faire sacrer le roi à Reims. » Après beaucoup de questions, les hommes les plus sages reconnurent en elle quelque chose de merveilleux. On résolut de profiter d'une occasion si imprévue. Armée de toutes pièces, et marchant par ordre de Dieu, une femme commande à des hommes. Elle les remplit de l'ardeur et de la confiance dont elle est pénétrée. Bientôt une terreur panique frappe les Anglais. Battus dans plusieurs sorties, ils sont contraints de lever le siége. A leurs yeux, Jeanne d'Arc était une magicienne. Aux yeux des Français, elle était un ange tutélaire : ils pouvaient bien se tromper les uns et les autres ; mais l'opinion n'en avait pas moins d'empire sur les esprits crédules, et n'en produisit pas moins d'effet que les gens sages désiraient.

CLXXXVII.

Tout le monde s'accorde à dire que rien n'est plus capable de nous attirer la confiance des autres hommes, que l'habileté jointe à la probité. Je crois bien qu'il n'y a personne parmi vous qui ne prétende à un tel honneur ; mais le nombre de ceux qui cherchent à s'en rendre dignes, est-il grand? Ici, je ne parle que de l'habileté, car je ne doute pas que vous ne vous appliquiez à vous rendre recommandables par votre probité. Mais n'aurais-je pas lieu d'augurer moins favorablement de vous, en vous voyant négliger l'étude, qui seule peut vous rendre habiles et capables de remplir un jour avec honneur les emplois qui vous seront confiés.

CLXXXVIII.

Timoléon, parvenu à une extrême vieillesse, perdit entièrement l'usage de la vue. Mais personne ne l'entendit jamais se plaindre de ce malheur. Vous savez qu'il délivra la Sicile de l'oppression, et qu'il ne se repentit jamais d'avoir obligé des étrangers. Enfin il recueillit le fruit de ses services; et il disait toujours avec la plus grande modestie : « Les dieux ont voulu se servir de moi pour faire du bien aux hommes; et je les remercie d'une préférence dont je n'étais pas plus digne qu'un autre. » Ses avis prévalaient dans tous les conseils; et nous ne pouvons douter qu'un mauvais citoyen n'obtiendra jamais la même confiance. Pourquoi l'exemple de Timoléon n'est-il pas toujours suivi? Pourquoi ses vertus ne sont-elles pas toujours imitées? Il n'y a pas de doute qu'elles procureraient toujours le même avantage.

CLXXXIX.

Les sauvages sont d'une férocité extrême et d'une pauvreté dégoûtante. Il y en a qui n'ont ni armes, ni chevaux, ni habitations. Souvent ils ne se nourrissent que d'herbe, ne se couvrent que de peaux, et n'ont que la terre pour lit. Leur seule ressource est dans leurs flèches, qu'ils arment d'os aiguisés, faute de fer. Les hommes et les femmes vivent également du produit de leur chasse. Les enfants eux-mêmes n'ont d'autre abri contre les pluies et les bêtes féroces, que des huttes faites de branches entrelacées. C'est là que se réfugient les jeunes chasseurs quand ils sont poursuivis; c'est aussi l'asile des vieillards. Ils se trouvent plus heureux ainsi, que

de se fatiguer à labourer la terre. Sans crainte du côté
des dieux, sans crainte du côté des hommes, ils ont
obtenu la chose la plus difficile à acquérir : ils n'ont
besoin de rien.

CXC.

Jamais accusation n'eut moins de fondement, que
celle qui fut intentée contre Socrate. On l'accusa de cor-
rompre la jeunesse, quoique depuis quarante ans il se
fût constamment appliqué à former de bons citoyens,
et qu'il eût toujours enseigné la vertu par son exemple
encore plus que par ses préceptes. On l'accusa aussi
d'impiété, quoique personne n'eût jamais observé plus
exactement toutes les cérémonies de la religion. Quand
il eut été condamné à boire la ciguë, un de ses disciples pénétra dans sa prison, et lui dit qu'il avait gagné
à prix d'argent tous ses gardes, qui le laisseraient échapper, s'il le voulait. Mais Socrate aima mieux mourir que
de porter atteinte aux lois de sa patrie. Et, quelque injuste que fût la sentence qui le condamnait, il crut que
ce serait un crime de ne pas s'y soumettre.

CXCI.

Un écrivain ingénieux rapporte que l'Honneur, le
Vent et l'Eau voyageaient un jour de compagnie. Le
voyage achevé, l'Honneur et l'Eau demandèrent au
Vent où ils pourraient le trouver après leur séparation.
Le Vent leur répond : « Tantôt j'habite sur le sommet des
montagnes ; tantôt je me joue dans la plaine : c'est là
que vous pourrez me trouver. » L'Honneur et le Vent demandèrent pareillement à l'Eau, quelle était son habitation, et où ils pourraient la rencontrer, s'ils avaient
besoin d'elle. « Ordinairement, répondit l'Eau, j'habite

dans les vallées, ou je serpente dans les prairies, ou même je m'ouvre avec fracas un passage entre les rochers : tels sont les lieux où vous pourrez me trouver. » Le Vent et l'Eau firent la même demande à l'Honneur : « Apprenez-nous, vous aussi, lui dirent-ils, où nous pourrons vous trouver, si par malheur nous venons à vous perdre ? — Quand une fois on m'a perdu, répondit l'Honneur, on ne peut plus me retrouver. »

CXCII.

Les fables nous enseignent ce qu'il y a de plus utile à connaître, c'est-à-dire la science du bien. Il nous importe à tous de les étudier avec soin. Plutarque, le plus illustre des philosophes de l'antiquité, dit que les fables sont le lait dont on doit nourrir les enfants. Aussi je vous en donnerai souvent à traduire de latin en français ou de français en latin. Ésope passe pour l'inventeur des fables. Il avait reçu de la nature un corps très-difforme, mais il était doué d'un esprit fin et pénétrant. Tantôt exposé à la rigueur de la fortune, tantôt le favori des rois, si l'on en croit plusieurs écrivains, il se montra dans toutes les circonstances de sa vie aussi sage que prudent. Phèdre, sans être aussi difforme, fut pareillement esclave, et éprouva comme lui les rigueurs de la fortune. Il imita Ésope, mais il embellit et orna les sujets qu'Ésope avait traités avec simplicité.

CXCIII.

Un serpent se trouvait sous une grosse pierre, et ne pouvait s'en retirer. Un homme vint à passer. Le serpent le pria de le sauver, et lui promit de lui montrer un endroit où était caché un trésor. L'homme, touché de compassion, et en même temps alléché par l'espoir du gain, fit ce qu'il lui demandait. Mais le serpent ne fut pas plutôt libre, qu'il oublia sa promesse et voulut tuer son bienfaiteur. Grand débat entre eux à ce sujet. Un singe passe par hasard et est pris pour juge. Après avoir entendu les deux parties : « Je ne puis, dit-il, juger votre procès, que je n'aie vu comment le serpent était sous la pierre. » Le serpent s'y étant remis : « Je juge, dit le singe, que cet animal ingrat mérite qu'on l'y laisse. »

CXCIV.

Pendant qu'Alexandre faisait le siége de Tyr, en Phénicie, il envoya sommer les Juifs de le reconnaître pour leur souverain. Mais ceux-ci répondirent qu'ils étaient alliés du roi de Perse, et que jamais ils ne se soumettraient à la domination d'aucun autre prince. Cette réponse, qui marquait la fidélité des Juifs, irrita tellement Alexandre, qu'il se mit à la tête de son armée, pour marcher droit à Jérusalem et en punir les habitants. Les Juifs, redoutant l'arrivée de ce prince, allèrent au-devant de lui pour le fléchir. La vue du souverain pontife fit une telle impression sur Alexandre, qu'il se prosterna devant lui, et adora le Dieu dont il était le ministre, avec tout le respect dont il était alors pénétré. Il entra ensuite dans le temple, dont il admira la beauté et la magnificence.

CXCV.

Callicratidas, général des Lacédémoniens, était sur le point d'attaquer la flotte d'Athènes, lorsqu'on vint l'avertir que les auspices annonçaient la victoire aux Lacédémoniens, mais que leur chef périrait. On lui conseillait de retirer sa flotte, et de ne pas risquer le combat. Callicratidas répondit sans s'effrayer : « La destinée de Lacédémone n'est pas attachée à un seul homme. Après ma mort, ma patrie trouvera sans peine un autre général; mais si la crainte de mourir me fait reculer devant l'ennemi, je perds l'honneur de ma patrie, et cette perte est irréparable. Je dois donc mépriser la mort, et préférer le salut et la gloire de ma patrie à mes intérêts particuliers. » Il choisit ensuite Cléandre pour son successeur, et engagea le combat, où il périt.

CXCVI.

Quels hommes, que ces Agrippa et ces Cincinnatus! Quelles vertus éclatantes ne présentent-ils pas à l'admiration de la postérité! Le premier est assez éloquent pour porter le peuple et le sénat à se réconcilier; l'autre, revêtu à son insu du souverain pouvoir, quitte sa charrue pour réparer en seize jours les maux qui affligent l'État, et revient aussitôt atteler ses bœufs de ses mains triomphantes. Agrippa mourut si pauvre, qu'il fallut que le peuple se cotisât pour lui faire des funérailles; ce qui fait voir que la vraie gloire n'a pas besoin de s'inquiéter beaucoup d'amasser des richesses. Les quatre arpents de terre que Cincinnatus possède au delà du Tibre et qu'il laboure lui-même, ne l'empêchent pas d'être la seule et dernière ressource de l'empire romain.

CXCVII.

Chaque chose a son temps : différentes occupations conviennent à différents âges, et certaines études regardent surtout la jeunesse. On dit avec raison que

lorsque le premier âge est passé, il est bien difficile de
s'accoutumer à l'application. Ainsi le soc de la charrue
qui ne sert point, se ternit et se couvre d'une rouille
épaisse. Du moins est-il certain que, quand la mémoire
et l'esprit n'ont point été cultivés dès l'enfance, il est
plus difficile qu'on ne pense de les plier au travail. C'est
donc aux jeunes gens surtout qu'il importe de mettre
à profit le temps destiné aux études. Qu'ils n'oublient
pas que l'étude de la vertu regarde particulièrement
leur âge, et que l'homme bien né doit préférer la
vertu à tout. Démétrius, ayant vu les Athéniens renverser ses statues : « Du moins, s'écria-t-il, ils n'ont pas
renversé la vertu qui me les a fait élever. »

CXCVIII.

De tous les grands hommes de Thèbes, aucun peut-
être ne rendit de plus grands services à sa patrie, que
Pélopidas. Étant allé à la cour d'Artaxercès, roi des
Perses, il y fut accueilli avec tous les honneurs dus à son
rare mérite. Les satrapes du roi l'ayant aperçu, ne purent s'empêcher de l'admirer : « Voici cet homme, disaient-ils, qui a enlevé aux Lacédémoniens l'empire de
la terre et de la mer ; qui a forcé Sparte à se renfermer
entre le mont Taygète et l'Eurotas, cette Sparte qui
naguère encore, sous la conduite d'Agésilas, voulait venir nous attaquer jusque dans Suze et Ecbatane. » Pélopidas usa de son crédit en habile politique, et parvint
à faire embrasser au roi le parti des Thébains. Ayant
quitté la cour, il n'accepta de tous les présents du roi
que ce qu'il fallait pour emporter dans sa patrie une
marque de la bienveillance et des faveurs du roi.

CXCIX.

Personne ne doute que Tibère n'ait été un tyran exécrable. Le trait suivant fera connaître le caractère de ce prince. Tibère, se voyant maître de l'empire, invita Archélaüs, roi de Cappadoce, à venir à Rome, et employa les plus flatteuses promesses pour l'y attirer. Dès que le monarque trop crédule fut arrivé, il lui intenta deux accusations frivoles, et le fit jeter dans un cachot obscur, où il périt de chagrin. Personne ne doute non plus que Caligula n'ait été un digne successeur de Tibère. Au commencement de son règne, il annonça aux Romains des jours fortunés; mais après quelques mois d'une vertu simulée, il s'abandonna à son naturel féroce, et se montra tyran cruel, lâche et insensé. Dès ce moment, il ne cessa d'immoler des victimes à son aveugle fureur. L'effusion du sang humain et les meurtres, étaient les spectacles les plus agréables et les récréations les plus douces de ce prince sanguinaire.

CC.

Lorsque Duquesne bombardait Alger, les Barbares, furieux de ne pouvoir éloigner la flotte ennemie, prirent, pour s'en venger, l'affreuse résolution d'attacher à la bouche de leurs canons les prisonniers qu'ils avaient entre les mains. Un capitaine algérien, qui, ayant été pris dans ses courses, avait été très-bien traité par les Français, reconnut parmi ceux qui allaient subir ce sort affreux, un officier de qui il avait reçu le meilleur traitement. Aussitôt il presse le Dey de lui accorder la grâce de son bienfaiteur, mais en vain. On allait mettre le feu au canon où l'officier était attaché. L'Algérien court aussitôt à lui, l'embrasse étroitement,

puis, s'adressant au canonnier : «Tire, lui dit-il, puisque
je ne puis sauver mon bienfaiteur, j'aurai du moins
la consolation de mourir avec lui.» Le Dey, présent à
cette scène touchante, accorda à la reconnaissance ce
qu'il avait refusé aux prières.

CCI.

Socrate avait coutume de dire, qu'un bon et véritable
ami est la chose la plus précieuse que l'on puisse posséder. Alexandre le Grand était bien persuadé de cette
vérité ; car, comme on lui demandait un jour où étaient
ses trésors : « Les voilà, » dit-il, en montrant ses amis.
Mais il faut bien prendre garde de se tromper dans le
choix des personnes avec qui l'on contracte des amitiés :
car il est bien vrai qu'il n'y a que trop d'amis en apparence, et très-peu en réalité. Aussi Solon conseillait-il de
ne pas lier tout d'un coup amitié avec toute sorte de gens.
Il voulait dire par là, qu'il est convenable surtout de
considérer le naturel et les inclinations des personnes,
avant que de nous engager avec elles. Cicéron, cet illustre orateur et philosophe en même temps, prétend
avec raison que c'est dans les disgrâces que l'on connaît
la fidélité des amis, comme on connaît par le feu l'or
véritable.

CCII.

Il vaut mieux vivre dans un état obscur, que d'être
sur le trône. Que je trouve les rois malheureux ! que je
suis étonné qu'il se rencontre des gens qui envient leur
sort ! Ce dont je suis persuadé, c'est que ces gens pen-
seraient bien autrement, s'ils savaient combien peu les
princes goûtent de plaisir, et combien peu ils sont heureux. A les voir si riches et si puissants, ne dirait-on

pas qu'ils ne manquent de rien? Qui croirait cependant qu'ils n'ont point d'amis? Tous ceux qui les environnent, sont autant de flatteurs qui n'ont pas honte de parler autrement qu'ils ne pensent. Ces hommes méprisables sont si peu sincères, qu'ils ne disent jamais la vérité. Ils sont si éloignés d'avertir les rois de leurs défauts, qu'au contraire ils s'efforcent de leur faire croire que les vices qu'ils ont sont des vertus que tout le monde admire.

CCIII.

Il n'y a pas de citoyen qui n'aime mieux son pays que tout autre lieu du monde, quelque agréable qu'il soit d'ailleurs. Les Romains, qu'on louera tant que le monde existera, avaient coutume de dire qu'ils n'étaient pas nés pour eux, mais pour leur patrie. Ils regardaient comme dénaturés ceux qui disaient qu'ils s'embarrassaient peu de ce qui pouvait arriver, après leur mort, à leur patrie. Ce qui fait voir surtout combien ils l'aimaient, et ce qui leur fait le plus d'honneur, c'est la persuasion où ils étaient, qu'il n'y avait rien de si glorieux que de se sacrifier pour elle. Bien loin d'accuser de témérité ceux qui exposaient leur vie sans rien craindre, ils les regardaient comme des héros et des âmes vraiment généreuses. Aussi ne manquèrent-ils pas de leur élever des statues, et de récompenser leur courage par les plus belles marques de reconnaissance.

CCIV.

Aux yeux des hommes, l'art militaire passe pour la plus brillante de toutes les sciences. Il n'y a rien de plus grand, selon eux, que d'être à la tête d'une armée. Mais plus ce poste est glorieux, plus il est difficile d'en

remplir les devoirs. Combien de qualités un général ne
doit-il pas avoir? Il faut qu'il joigne à l'ardeur du courage une grande prudence; il faut qu'il ait beaucoup
de connaissances et une présence d'esprit inaltérable. Il
faut qu'il sache profiter des occasions favorables; qu'il
campe avantageusement; qu'il prévienne les desseins
de l'ennemi; qu'il l'attaque à propos. Il doit songer à
tout en même temps sans jamais être embarrassé, encourager ses troupes encore plus par son exemple que par
ses paroles. Pour un simple soldat, c'est assez de marcher à l'ennemi d'un pas ferme et d'affronter courageusement la mort; mais un général, à la vue du plus
grand danger, doit conserver son sang-froid; il doit, au
milieu du tumulte et du carnage, rester maître de ses
mouvements, et donner ses ordres avec une tranquillité que rien ne soit capable d'ébranler.

CCV.

Un père avait un fils doué d'un excellent naturel;
mais, s'étant aperçu qu'il avait contracté une étroite
amitié avec un de ses condisciples dont la conduite était
fort déréglée, il l'avertit de rompre avec lui : « Ne craignez rien, mon père, repartit l'enfant, je tâcherai de
rendre mon ami plus sage. » Le père, qui voulait joindre
l'exemple à la leçon, acheta une caisse pleine d'oranges
pour la donner à son fils. A la vue de ce présent, l'enfant fit éclater sa joie. Mais, apercevant une orange
gâtée, il voulut qu'on l'ôtât, de peur, disait-il, qu'elle
ne communiquât aux autres sa corruption. « Gardez-
vous-en bien, dit le père; les autres, au contraire, lui
rendront sa première bonté. » Quelques jours après, le
jeune homme ayant ouvert sa caisse en trouva un grand
nombre de gâtées, et se mit à pleurer de ce qu'on n'a-

vait pas fait ce qu'il avait désiré : « Hé pourquoi, dit le père, ne m'avez-vous pas cru lorsque je vous avertissais sagement de fuir la société d'un ami dangereux ? » Le jeune homme goûta cette leçon, et rompit aussitôt avec son ami.

CCVI.

Vous allez bientôt disputer les prix du concours général. Ne doutons point que vous ne fassiez tous vos efforts pour remporter la victoire. Ceux qui seront couronnés ne se repentiront point d'avoir préféré l'étude aux jeux. La renommée publiera leurs noms de ville en ville. Outre la gloire dont ils seront couverts, ils causeront une joie incroyable à leurs parents. Mais ce succès, loin de leur inspirer de l'orgueil, doit être pour eux un encouragement au travail. Il est d'ailleurs plus honteux de perdre la gloire qu'on s'est acquise, que de n'en avoir jamais acquis. Ceux qui jusqu'à ce jour n'ont pas autant travaillé qu'il leur importait de le faire, doivent bien se repentir d'avoir mal employé leur temps. Il ne faut cependant pas qu'une première défaite leur fasse perdre toute espérance pour les années suivantes. S'ils savent réparer le temps perdu, ils se présenteront l'an prochain, avec plus de confiance, au combat. Il est glorieux sans doute d'avoir été jugé digne de concourir, mais vous êtes trop généreux, sans doute, pour ne pas comprendre combien il serait honteux de compter autant de défaites que de combats.

CCVII.

Charlemagne n'avait rien tant à cœur que de rendre ses peuples heureux. Il ne faisait pas tant de cas de sa propre gloire, que du bonheur de ses sujets. Rien ne contribua tant à remplir ses vues, que les lois sages qu'il établit. Les Français alors n'avaient pas autant de science que de courage. Leur roi appela dans ses États tant d'habiles gens, que la France parut devenir bientôt une nation savante. Ce prince étudiait lui-même les belles-lettres, non pas tant pour cultiver son esprit, que pour donner l'exemple à ses sujets. Tant qu'il vécut, la France fut comblée de gloire. Il mourut regretté de tout le monde, tant à cause de ses vertus qu'à cause de ses grands exploits. Mais, autant le règne de Charlemagne avait été glorieux, autant celui de son fils fut malheureux. Ce prince ne fut pas aussi estimé de ses sujets que son père l'avait été, parce qu'il n'avait pas autant de belles qualités ni de caractère : tant il est vrai que les enfants ne ressemblent pas toujours à leurs pères !

CCVIII.

Caractacus, général des Bretons, avait bravé les efforts des Romains, depuis neuf ans que la guerre durait en Bretagne. Enfin il fut vaincu par le lieutenant Ostorius. Amené captif à Rome, et conduit devant Claude : « Si ma modération dans la victoire, dit-il, eût égalé ma grandeur et ma gloire, ce serait en ami plutôt qu'en captif que je serais venu dans cette ville, et vous n'auriez pas dédaigné l'alliance d'un prince issu du sang le plus illustre, et souverain de plusieurs nations. Ma situation présente est aussi glorieuse pour vous, qu'elle est honteuse pour moi. J'ai possédé des chevaux, des hommes, des armes, des richesses : est-il étonnant que ce soit malgré moi que j'aie perdu ces biens? Parce que vous voulez commander à l'univers; faut-il que l'univers courre au-devant de la servitude? Si je m'étais livré d'abord, mon nom et votre gloire eussent été sans éclat ; et maintenant même, si vous m'envoyez au supplice, je serai bientôt oublié. Mais si vous me conservez la vie, je serai un monument éternel de votre clémence. »

CCIX.

Ce serait se tromper d'une manière étrange, que de confondre l'émulation avec l'envie, qui est la marque d'une âme vile et abjecte. Autant l'une est utile et louable, autant l'autre mérite d'être détestée. L'émulation est un aiguillon qui nous excite à imiter ceux que leurs vertus et leurs connaissances rendent recommandables. Un jeune homme, par exemple, voit qu'un de ses condisciples fait beaucoup de progrès dans ses études, il se sent aussitôt animé d'un désir ardent de l'égaler et même de le surpasser par son application. Ce noble sentiment s'appelle émulation. Que le caractère de l'envie est différent ! L'envieux voit avec douleur qu'un autre soit plus estimé et même plus estimable que lui, sans cependant s'efforcer de l'imiter. Il ne désire pas de s'élever, il voudrait rabaisser les autres.

CCX.

De tout temps on a observé que les peuples règlent leur conduite sur l'exemple des princes. Sous David, les Hébreux ne respiraient que la guerre ; sous Salomon, ils ne pensaient qu'à goûter les douceurs de la paix, et à se livrer à l'amour des plaisirs que l'abondance a coutume d'inspirer. Tibère rendit les Romains dissimulés, méchants et calomniateurs. Les rois pieux ont porté leurs sujets à la piété ; les rois cruels ont rendu leurs peuples sanguinaires : tant la conduite de ceux qui gouvernent influe sur celle des peuples ! Si le sénat romain avait toujours été vertueux et désintéressé, le peuple n'eût jamais vendu ses suffrages à l'ambitieux qui voulait l'asservir.

CCXI.

Une des choses qui nuisent le plus à l'avancement des jeunes gens, c'est la légèreté avec laquelle ils passent d'une lecture à une autre. Naturellement avides du nouveau, ils se jettent sur des livres qu'ils ne connaissent pas encore, pour les laisser là quand ils en auront lu les premières pages. Cependant celui qui lit plusieurs auteurs à la fois, n'en connaîtra bien aucun. Les traces que les premiers ont laissées dans son esprit, sont aussitôt effacées; ainsi l'œil, frappé d'un trop grand nombre de couleurs à la fois, n'en distingue bien aucune. J'aime mieux que vous lisiez peu, mais que vous lisiez utilement. Pour cela, il faut lire avec attention, et même revenir souvent sur les endroits les plus frappants et les plus propres à vous former.

CCXII.

J'étais occupé à lire un matin dans mon lit, écrivait un officier allemand à un de ses amis, lorsque je fus interrompu par un certain bruit. Distrait de ma lecture, je me mis à observer; je vis un rat qui parut au bord d'un trou, et disparut presque aussitôt, après avoir regardé de tous côtés. A le voir, on eût vraiment dit qu'il était préoccupé. Un moment après il disparut; il conduisait par l'oreille un rat plus gros que lui, et qui, à le regarder avec attention, me parut être plus vieux. A ne rien dire de trop, vous lui eussiez donné trois fois son âge. Du reste, le vieux rat ayant été laissé sur le bord du trou, un autre jeune rat parut à son tour; alors ils se mirent tous deux à parcourir la chambre, et à ramasser quelques miettes de biscuit qui étaient tombées de la table au souper de la veille. C'était à qui des deux les porterait au vieux rat qui se tenait au bord du trou. A voir leur empressement à porter ces miettes, je redoublai d'attention, et me mis à examiner la chose de plus près.

CCXIII.

Mon attention à observer les mouvements de ces rats, me fit juger que celui auquel les autres portaient à manger, était aveugle. En effet, il ne pouvait trouver qu'en tâtonnant les miettes qu'on lui apportait. Je ne doutai plus dès lors que les jeunes ne fussent ses petits, et les pourvoyeurs d'un père aveugle. J'admirai la sagesse de la nature, qui, dans ces deux animaux, s'est montrée capable de leur inspirer les sentiments d'une piété et d'une reconnaissance filiales. Aussi je me gardai bien de distraire ces rats d'un devoir si pieux. J'aimais à me livrer aux réflexions qu'ils me suggéraient, et je ne craignais rien tant que de les voir interrompre dans des fonctions aussi honorables, lorsqu'un de mes amis ouvrit la porte de ma chambre. Les deux jeunes rats poussèrent un cri : ils ne voulaient pas laisser l'aveugle, ni se retirer, qu'il ne fût lui-même en sûreté. Ils ne rentrèrent en effet qu'après lui, voulant en quelque sorte lui servir d'arrière-garde.

CCXIV.

Aussitôt après un léger sommeil, une voix mugis-sante sort de la caverne, et me fait entendre ces mots : « Fils d'Ulysse, il faut que, comme lui, tu deviennes grand par la patience. Après un bonheur constant, souvent un prince devient indigne d'être heureux : la mollesse le corrompt ou l'orgueil l'enivre. Que tu seras heureux, si, après avoir surmonté tes malheurs, tu ne les oublies jamais ! Après avoir été, comme le reste des mortels, pauvre et souffrant, souviens-toi, devenu leur maître, de prendre plaisir à les soulager. Déteste la flatterie, et songe que tu ne seras heureux qu'en mo-dérant tes passions. » A ces mots, je sens renaître au fond de mon cœur la joie et le courage, je me trouve un nouvel homme, et me sens une douce force pour maîtriser mes passions, et modérer l'impétuosité de ma jeunesse.

CCXV.

On a vu peu de magistrats aussi célèbres que d'A-guesseau. On sait que ce grand homme naquit à Li-moges. Investi des plus hautes dignités, il les honora plutôt qu'il n'en fut honoré lui-même. On peut le comparer avec Phocion, avec Aristide, pour l'intacte probité ; il joignait à l'esprit de Platon l'éloquence de Démosthène. Mais doit-on s'étendre davantage sur un si grand homme, ou l'admirer en silence? Ne parle-t-il pas lui-même, et mieux que nous ne le ferions, dans ses écrits qui sont dans les mains de tout le monde? Modeste par caractère, on ne le vit jamais ambitionner les honneurs, mais les recevoir malgré lui. Assis à la campagne sur un banc de gazon, on sait qu'il trouvait plus de plaisir à terminer sur cet humble tribunal les différends des particuliers, que de siéger avec éclat dans le parlement. Jamais on n'entendit sortir de sa bouche une parole qui démentît ses principes de justice et de religion. Au milieu de ses grandes occupations, il ne passa jamais un seul jour sans lire l'Écriture sainte.

CCXVI.

L'amitié ne se soutient et ne vit, pour ainsi dire, que par des services mutuels. Nous devons donc obliger nos amis, lorsque l'occasion s'en présente; nous devons même la chercher, et prévenir leurs désirs. N'oublions pas cependant que, si l'amitié a ses droits, la justice a aussi les siens, et que ceux-ci doivent l'emporter. Aussi, lorsqu'un ami nous demande quelque chose de contraire à la justice et au devoir, il faut d'abord lui représenter l'injustice de sa demande, et, s'il persiste, il mérite que nous le refusions, puisqu'il attente à notre vertu.

CCXVII.

Pourquoi le divin Homère, en représentant des guerriers troyens qui évitent la mort par une fuite honteuse, et qui souvent même demandent lâchement la vie, a-t-il soin d'ajouter presque toujours que ces guerriers timides étaient fils de pères opulents? c'est qu'il a voulu nous enseigner par là que la pauvreté est mère du courage. Le luxe, en effet, vient des richesses, et la mollesse, qui énerve les cœurs, est le résultat du luxe. Comment un homme élevé au sein des délices pourrait-il ne tenir aucun compte de la mort? Il n'est pas douteux qu'un tel homme ne pâlisse à la vue du fer ennemi suspendu sur sa tête. Tous les héros de l'ancienne

Rome avaient été formés à l'école de la pauvreté ; ils savaient supporter avec autant de courage que de résignation les fatigues de la guerre. Pourquoi ? Parce que, dès leur plus tendre enfance, ils avaient été accoutumés au travail. Ils menaient une vie dure ; aussi ne craignaient-ils pas de la perdre : d'où l'on peut conclure que plus on élève les jeunes gens avec austérité, plus la patrie peut espérer qu'ils lui seront utiles.

CCXVIII.

On dit qu'un chasseur un peu trop fanfaron venait de perdre un chien de bonne race. Persuadé qu'il est enseveli dans le ventre d'un lion qu'il savait infester cette contrée, il va droit à un berger qu'il aperçoit dans les champs. « Dis-moi, je te prie, où réside le brigand qui porte le ravage dans ces lieux : je veux lui faire sentir tout le poids de mon courroux. — Jetez les yeux, répondit le berger, sur cette montagne couverte d'épaisses forêts ; c'est là qu'ordinairement il habite, dans un antre obscur. Pour moi, je lui paie exactement tous les mois le tribut d'un mouton ; et ce n'est qu'à cette condition qu'il me permet d'errer en sûreté où je veux. » Durant ce colloque, le lion sort, la gueule tout ensanglantée, de sa retraite, et précipite sa marche vers le chasseur. Aussitôt notre fanfaron de s'esquiver, et de s'écrier : « O Jupiter, montre-moi un asile où je puisse me sauver ! » Tel cherche le danger, qui prend la fuite à son approche : au milieu des périls seulement se montre le vrai courage.

CCXIX.

Quel fut le but de ceux qui les premiers donnèrent des lois aux États ? Ils voulurent, n'en doutez pas, assurer la conservation, le repos et le bonheur des citoyens, en leur donnant des préceptes pour vivre heureux et vertueux. En effet, c'est le propre de la loi de réprimer le vice et d'encourager la vertu. Aussi propose-t-elle des récompenses à l'un, et des châtiments à l'autre. De même qu'il a fallu connaître les maladies avant de connaître les remèdes qui leur sont propres, de même les passions ont pris naissance avant les lois qui doivent y mettre un frein. Les hommes qui vivaient dans l'âge d'or, n'ayant pour guides et pour lois que la seule nature, ne souillaient leur vie par aucun crime, et se trouvaient par conséquent exempts de peines et de châtiments. Mais à peine l'ambition, la violence et les autres passions eurent-elles pris la place de la prudence et de la modération, qu'il fallut établir des lois; et la loi elle-même dut s'armer d'une sévérité d'autant plus grande, qu'elle eut des vices plus redoutables de jour en jour à combattre.

CCXX.

Rien ne fait plus d'honneur à un prince, que d'oublier les injures qu'il a reçues. Plus il lui est facile de punir un coupable, plus il acquiert de gloire en pardonnant. Louis XII, roi de France, étant encore duc d'Orléans, avait reçu une offense d'un particulier. Quand il fut monté sur le trône, plusieurs courtisans l'engageaient à le punir. Ce prince, au lieu de **suivre** ce lâche conseil, répondit généreusement qu'il **ne convenait** pas au roi de France de venger les injures du duc d'Orléans. Je doute qu'on trouve dans l'histoire ancienne un plus bel exemple de modération et de grandeur d'âme.

CCXXI.

Les retours de la fortune ne servent qu'à relever le courage des grands hommes, au lieu de l'abattre. Ils savent profiter de leurs fautes et des malheurs qui leur arrivent. François Iᵉʳ, roi de France, qui savait se posséder au milieu des plus grands dangers, écrivit en ces termes à sa mère, après la bataille de Pavie : « Tout est perdu, madame, fors l'honneur. » Ce prince aimait tendrement ses peuples, et en était pareillement aimé. C'est cette noble affection qui lui fit tenir en mourant ce langage au Dauphin, son fils : « Mon fils, les enfants doivent s'appliquer à imiter les vertus de leurs pères et non leurs défauts. Vos vertus vous mériteront l'amour de vos sujets et les bénédictions du ciel, au lieu que le vice ne servirait qu'à vous faire mépriser, et vous attirerait la colère de Dieu : mon fils, soyez donc vertueux, voilà tout l'homme. Soyez le père de vos sujets ; n'en devenez jamais le tyran. »

CCXXII.

De tous les vices, il n'en est pas qui ait des suites plus funestes que la paresse, surtout dans la jeunesse ; car la jeunesse est l'âge dévolu au travail. Celui-là, quel qu'il soit, qui appréhende vivement le mépris, et qui ressent en même temps une grande joie de s'élever au-dessus des autres, doit être convaincu que le travail est l'unique moyen de parvenir au but qu'il se propose. Combien je plains celui qui ne se montre pas pénétré d'une si grande vérité ! Combien je le trouve malheureux, de ne pas connaître la véritable source du bonheur dont il est donné à l'homme de jouir ! Regardez, je vous prie, quel rôle joue dans la société l'homme

qui n'a pas eu soin de cultiver son esprit : il n'a rien
à dire. A le voir hésiter et balbutier, on croirait qu'il
n'a pas reçu de la nature la faculté de parler. A ne rien
dissimuler, il ne s'élève guère au-dessus de la brute; il
n'est point homme à se rendre utile à ses semblables,
puisqu'aussi bien il ne sait rien : une si complète ignorance saurait-elle rien produire de bon?

CCXXIII.

Socrate, cet illustre philosophe d'Athènes, était pénétré du plus sincère attachement pour ses concitoyens.
Ce n'était pas tant l'amour de la gloire qui l'enflammait,
que le désir de contribuer au salut et à la grandeur de
sa patrie. Personne ne reçut jamais de lui la moindre
offense : le plus souvent même il répondait à l'injure
par le bienfait. Il était admiré pour sa science, et chéri
pour son caractère. C'était pour l'intérêt de ses concitoyens, qu'il s'efforçait de devenir un modèle de vertus.
C'était en vue de leur bonheur et de leur gloire, qu'il
mettait en œuvre tous les moyens de se rendre utile.
Il tremblait pour la bonne renommée des Athéniens, si
jamais il les voyait déroger aux lois de l'équité. Parlait-
il en public, c'était toujours pour donner des conseils
salutaires. Pour mieux persuader les autres, et afin de
ne pas voir ses disciples se défier de ses avis, il s'était
imposé la loi d'être très-sévère pour lui-même. On eût
dit que les dieux avaient envoyé Socrate au milieu des
Athéniens pour en faire un peuple de sages.

CCXXIV.

Interrogez la nature, que vous répondra-t-elle? que
tous les enfants sont faits pour le travail. En effet,
cette mère du genre humain, malgré sa tendresse pour

l'homme, ne lui donne rien sans travail. Les campagnes se couvrent de moissons abondantes; mais le laboureur y trace de pénibles sillons. Les arbres se courbent sous le poids agréable des fruits; mais le jardinier passe l'année entière à les cultiver, et sans se donner aucun relâche. Une liqueur délicieuse coule du cep de la vigne; mais le vigneron endure les chaleurs de l'été et les rigueurs de l'hiver. Examinons les états divers de la société, nous les trouverons soumis à la même obligation du travail. Le négociant jouit d'une heureuse opulence; mais il a rassemblé ses trésors des extrémités des deux mondes. Le guerrier se repose glorieusement à l'ombre de ses lauriers; mais il les a cueillis dans les combats, et souvent même il les a arrosés de son sang. Que les difficultés ne vous rebutent pas : le zèle qu'on apporte à l'étude charme l'ennui du travail, et le plaisir d'apprendre excite le désir de s'instruire.

CCXXV.

On entend fréquemment les jeunes gens qui étudient les belles-lettres, se plaindre de leur destinée. A les en croire, ils sont réduits au plus triste esclavage; ils dépendent de la volonté de maîtres difficiles et sévères; des censeurs importuns sont sans cesse à leurs côtés, sans qu'ils puissent tromper leur vigilance. « La science, disent-ils, est-elle si importante qu'il faille l'acheter si cher ? » Qu'arrive-t-il ? c'est que plusieurs, après s'être rebutés des difficultés inséparables de l'étude, l'abandonnent. Les obligez-vous de s'appliquer, ils travaillent nonchalamment et avec répugnance. Enfin, après avoir passé le temps si précieux de leur jeunesse dans l'enceinte d'un collége, ils n'en emportent rien que la poussière.

CCXXVI.

Il est sans doute bien affligeant de voir, en lisant l'histoire du genre humain, que la terre, depuis des siècles entiers, n'a cessé d'être le théâtre de la guerre, et que le fer a moissonné plus d'hommes que le destin auquel la nature les a condamnés. A mesure que les peuples se sont civilisés, les richesses des uns ont excité la cupidité des autres. Ceux qui avaient le moins sont venus attaquer ceux qui avaient le plus; dès lors il fallut chercher à défendre ce qu'on craignait de perdre. On creusa des fossés, on éleva des palissades, à l'abri desquelles on tâcha de se mettre en sûreté. Des troncs d'arbres entrelacés de fortes branches formèrent les premières fortifications. Plus d'un brave, en essayant de les forcer, y trouva son tombeau. Mais bientôt l'assaillant, plus aguerri, parvint à les renverser et à s'ouvrir un passage. On construisit des murailles, dans lesquelles on eut soin de pratiquer des ouvertures afin de pouvoir lancer des flèches. On crut que l'ennemi n'oserait en approcher, et on ne douta point que s'il était assez téméraire pour affronter un péril aussi imminent, il aurait sujet de se repentir de son audace.

CCXXVII.

Ce n'est pas tant pour obéir à leurs parents ou à leurs maîtres, que pour faire leur propre bonheur, que les jeunes gens doivent se livrer à l'étude. Qu'ils se gardent bien d'écouter les conseils de ces paresseux qui n'ont aucun regret de perdre les plus précieuses années de leur existence, et ne rougissent pas d'une honteuse ignorance, qu'ils auraient cependant un grand intérêt à éviter. Mais, s'ils ne s'ennuient pas à présent de la vie qu'ils mènent, s'ils trouvent que l'inaction est digne d'éloges, ce n'est pas à dire pour cela qu'ils n'auront jamais de repentir de leurs fautes. En vain ils s'efforceront de chercher le bonheur dans les plaisirs, ils ignoreront toujours ce qui fait la félicité durable. Bien plus, ils ne manqueront pas d'avouer, lorsque le temps de s'instruire sera passé, qu'ils envient, mais trop tard, le sort de ceux qui se sont occupés toute leur vie du soin de former leur esprit et leur cœur, en travaillant avec le plus d'ardeur qu'ils ont pu. Je sais combien de difficultés présente l'étude, mais plus une carrière offre d'obstacles, plus il est glorieux de les surmonter.

CCXXVIII.

Alexandre, roi de Macédoine, offrait l'assemblage des vertus les plus éclatantes et des vices les plus honteux. Autant il se montrait quelquefois doux, généreux, équitable, autant, en d'autres circonstances, il était dur, impitoyable, injuste. Sur le point de quitter la Macédoine pour marcher à la conquête de l'Asie, il fit des présents magnifiques à tous ses amis. Comme tous ses revenus étaient déjà épuisés par ces largesses, Perdiccas, un de ses officiers, lui demanda ce qu'il se réservait pour lui-même : « L'espérance, » répondit-il. Qui croira qu'un prince qui montrait assez de désintéressement et de grandeur d'âme pour faire plus de cas de la gloire que des richesses, ait eu assez peu d'empire sur lui-même pour ne pas rendre justice à Clitus, qui faisait valoir avec raison les exploits de Philippe, et pour se souiller du sang d'un ami dont la fidélité rare et les grands talents devaient, par intérêt seul, l'empêcher de commettre un forfait dont rougiraient les plus cruels tyrans et les brigands les plus sanguinaires ?

CCXXIX.

De tous les livres que les mamans donnent à leurs
enfants pour le premier jour de l'an, il n'en est pas de
plus joli que celui qui a pour titre l'*Ami des enfants*.
J'ose me flatter que vous êtes tous de mon avis. Hé, quel
est celui d'entre vous qui n'a pas pris plaisir à feuilleter
ce charmant livre? On y trouve cette aimable simplicité qui n'appartient qu'au premier âge. Voyez, par
exemple, ce petit enfant qui parcourt les prairies en
appelant un papillon; comme toutes ses paroles sont
naïves et ingénues! « Papillon, joli papillon, viens te
poser sur cette fleur que je tiens dans ma main. Où
vas-tu, petit étourdi? ne vois-tu pas cet oiseau gour-
mand qui te guette? il vient d'aiguiser son bec, et l'ouvre
déjà, tout prêt à t'avaler. Viens, viens ici, il aura peur
de moi, il n'osera point t'approcher. Je n'ai nulle envie
de t'arracher tes ailes; je ne veux point te tourmenter.
Non, non, tu es petit et faible ainsi que moi; je ne veux
que te considérer de plus près; je veux voir ta petite
tête, ton long corsage et tes grandes ailes bigarrées de
mille et mille couleurs. Je ne te garderai pas longtemps,
je sais que tu n'as pas longtemps à vivre. A la fin de
cet été, tu ne seras plus, et moi je n'aurai alors que six
ans. Tu n'as pas un moment à perdre pour jouir de la
vie; tu pourras prendre ta nourriture pendant que je
te considérerai. Papillon, petit papillon, viens te poser
sur cette fleur que je tiens dans ma main. »

CCXXX.

Un oracle avait dit que celui des douze rois d'Égypte
qui ferait des libations à Vulcain dans un vase d'airain,
deviendrait seul maître. Un jour qu'ils faisaient en-

semble un sacrifice dans le temple de Vulcain, on apporta des coupes d'or pour les libations : il en manquait une. Alors Psamméticus, l'un des douze rois, se servit, sans y penser, de son casque d'airain. Les autres rois s'en étant aperçus, se rappelèrent l'oracle, et avisèrent aux moyens de se mettre en sûreté, en reléguant Psamméticus dans les pays marécageux de l'Égypte. Il s'y trouvait comme exilé depuis plusieurs années, lorsqu'on vint lui annoncer qu'il était arrivé dans la même contrée des hommes d'airain : c'étaient des soldats grecs qui avaient des casques, des cuirasses et des armes d'airain. Aussitôt Psamméticus, se souvenant d'un oracle qui lui avait répondu que des hommes viendraient du côté de la mer à son secours, fit alliance avec eux, attaqua les onze rois, les défit et resta seul maître de l'Égypte.

CCXXXI.

Aussi imprudente qu'inconsidérée, la jeunesse se précipite témérairement et sans réflexion au milieu des dangers. Tel est le caractère du jeune homme, qu'il se croit inaccessible à toute sorte de maux. C'est en vain que les personnes chargées du soin de veiller à sa conservation, l'avertissent de ce qui peut lui être utile, de ce qui peut lui nuire. Rebelle à toute sage représentation, il repousse avec une obstination invincible les conseils de ses amis, de ceux même qu'il sait lui être le plus dévoués. C'est peu, il se fait souvent un point d'honneur d'aller sans motifs au-devant des périls qui le menacent le moins. C'est ainsi qu'Alexandre, échauffé et couvert de sueur, eut l'imprudence de se plonger dans un fleuve dont la fraîcheur extrême lui glaça le sang dans les veines. Sa témérité, ainsi que le raconte son histoire, dont vous aimez sans doute à lire les récits non moins amusants qu'instructifs, faillit lui coûter cher. En effet, il s'en fallut de bien peu que cet illustre guerrier, qui avait promis à son ambition l'empire du monde, ne pérît dans sa tente d'une mort obscure et vulgaire.

CCXXXII.

Je suis persuadé que ceux d'entre vous qui travaillent, ne se repentiront jamais d'avoir mis à profit leurs premières années, et qu'ils sauront bon gré à leurs parents d'avoir veillé à leur éducation. Vous ne sauriez croire combien l'instruction offre d'avantages. L'homme qui a des lumières est bien vu de tout le monde, rien ne l'empêche de s'élever aux postes les plus honorables; car personne ne doute qu'il ne soit capable de les occuper dignement. Il doit s'attendre qu'il recevra partout les témoignages de la considération la plus flatteuse. Quelques hommes, favorisés de la fortune, mais sans esprit et sans jugement, ne manqueront pas de l'estimer peu, et d'attacher plus d'importance à leurs richesses qu'à son savoir; mais les gens sensés ne laisseront pas de rendre justice au mérite éclatant par lequel il s'élève au-dessus de la multitude, et répéteront ce mot célèbre d'un de nos poëtes : « *Laissez dire les sots, le savoir a son prix.* »

CCXXXIII.

La république romaine eut de faibles commencements; mais bientôt elle s'accrut au point qu'elle donna des inquiétudes aux peuples voisins. Elle eut des guerres sans nombre à soutenir; néanmoins, plus la multitude de ses ennemis croissait, plus son courage augmentait. Ceux-ci finirent par éprouver combien il était dangereux d'inquiéter une république dont tous les citoyens étaient déterminés à périr plutôt que de perdre leur liberté. Les Romains furent assez heureux pour soumettre la plupart des peuples qui habitaient l'Italie. Enfin, quand leur puissance fut assez affermie pour n'avoir plus rien à craindre de leurs voisins, ils s'occupèrent d'établir des lois sages, capables de contenir chaque citoyen dans le devoir.

CCXXXIV.

Personne d'entre vous ne doit douter que l'amour du travail ne soit plus nécessaire encore pour faire des progrès dans la carrière des lettres, que les dispositions même de la nature. Combien d'hommes sont devenus dignes non-seulement de l'admiration de leurs concitoyens, mais encore des hommages de la postérité, parce qu'ils ont eu assez de courage pour vaincre, à force de persévérance, l'injustice de la nature! C'est ainsi que Démosthène, le prince des orateurs de la Grèce, acquit une gloire immortelle. Ce qui empêche souvent les hommes de se faire un nom, c'est que, loin d'ajouter par leur industrie aux dons de la nature, ils s'abandonnent à une honteuse oisiveté, n'ayant point à cœur de s'élever au-dessus des autres. Au contraire, s'ils étaient convaincus que le travail seul enfante le mérite, ils auraient la force de lutter contre les difficultés, et sauraient profiter des moyens qui leurs sont offerts, de fuir une médiocrité, pour ne pas dire une obscurité, déshonorante.

CCXXXV.

Nous voyons dans les anciens Gaulois un caractère de valeur, de vivacité, d'hospitalité, qu'on peut aisément reconnaître dans leurs descendants. Ils respiraient la guerre : toujours armés, même en temps de paix, ils se battaient entre eux, lorsqu'ils n'avaient point d'ennemis à combattre. Leur ardeur martiale, jointe à une grande population, les entraînait hors de leur pays, dans le dessein d'entreprendre des conquêtes. L'Italie, la Grèce, l'Asie, furent inondées de leurs soldats. Rome les craignit tellement, que les citoyens dispensés par leur âge de porter les armes, ne pouvaient jouir de cette dispense en cas d'invasion de la part des Gaulois. Si la discipline et la science militaires avaient réglé leur courage, ils auraient vraisemblablement subjugué cette ambitieuse république ; mais une fougue aveugle les précipitait dans les périls sans précautions, sans prévoyance. Ils dédaignaient même les armes défensives, et combattaient souvent presque nus.

CCXXXVI.

Socrate n'eut rien tant à cœur que d'instruire les hommes, et surtout de former la jeunesse d'Athènes. Il n'avait pas une école ouverte comme les autres philosophes, ni d'heures marquées pour ses leçons. Il ne faisait point apprêter de bancs et ne montait point en chaire. C'était un philosophe de tous les temps et de toutes les heures, qui enseignait en tous lieux et en toute occasion. Dans les promenades, dans les conversations, dans les repas, à l'armée et au milieu des camps, dans les assemblées publiques, soit du peuple soit du sénat, dans la prison même et lorsqu'il buvait la cigüe, il philosophait, dit Plutarque, et instruisait le genre humain. Jamais maître n'eut un plus grand nombre de disciples ni de plus illustres. Platon, Xénophon, Aristippe et mille autres personnages fameux se glorifient d'avoir été sous sa discipline. Les jeunes Athéniens renonçaient à tout pour le suivre et pour l'entendre. On en peut juger par Alcibiade, le plus vif et le plus fougueux des jeunes gens d'Athènes. Malgré ses vices et sa légèreté, il s'attacha sincèrement à Socrate, se laissa pendant longtemps diriger par ses conseils, et supporta même, en les mettant à profit, les plaisanteries au moyen desquelles ce caustique vieillard se plaisait à rabaisser son orgueil.

CCXXXVII.

On ne peut s'empêcher d'estimer la vertu partout où elle se présente ; elle se fait même respecter de ceux qui n'ont pas assez de courage pour la cultiver. Si vous voulez vous faire estimer de tout le monde, il n'est pas de plus sûr moyen pour y parvenir que la pratique de la vertu. Il faut vous faire la réputation d'un homme de bien, que rien ne puisse détourner de son devoir : il faut vous hâter encore de vous faire un plan de conduite qui convienne à un honnête homme. Suivez les conseils de ceux qui ont à cœur de vous voir prospérer, au lieu de suivre l'exemple de ces jeunes gens dépravés, dont le commerce vous ferait mépriser de tout le monde.

CCXXXVIII.

L'homme est toujours d'autant plus estimé, qu'il est plus digne de l'être. En effet, malgré les efforts que fait la calomnie pour ternir l'éclat de ses vertus, il paraît toujours aux yeux des gens sensés tel qu'il est réellement. Quel besoin aurait-il de se déguiser? la franchise n'est-elle pas l'attribut le plus noble de la vertu? Il ne craint pas que ceux d'entre ses concitoyens qui voudraient examiner attentivement sa conduite, y trouvent quelque chose de répréhensible. Il ne craint pas qu'ils ne l'approuvent point. Sûr des principes que son cœur naturellement droit lui a conseillé de suivre, il ne doute en aucune manière que les gens de bien ne l'estiment. Peu lui importe, du reste, que les méchants, qui ont intérêt à décrier la vertu, le louent ou qu'ils ne le louent pas : il ne croit pas que leurs insultes et leurs clameurs puissent rien ôter à sa réputation. Il est convaincu que tout homme qui prend soin de ne donner prise à aucune accusation fondée, doit se mettre peu en peine des discours de l'envie, et se persuader que les poisons de la haine ne sont pas capables d'altérer le moins du monde sa gloire.

CCXXXIX.

Si l'on vous enseigne les langues grecque et latine, ce n'est pas que vous deviez jamais parler grec et latin : ces deux langues sont mortes, ou, si elles sont en usage dans certains pays, il s'en faut de beaucoup qu'elles aient conservé leur ancienne pureté. D'ailleurs, combien peu d'entre vous sont appelés à voyager dans ces contrées! « Il ne nous importe donc pas tant, direz-vous, de surcharger notre mémoire de mots que le temps a fait tomber en désuétude. » Gardez-vous, toutefois, d'un tel préjugé; considérez que c'est du grec et du latin que le français est sorti en grande partie, et qu'en apprenant comment on parlait dans Athènes et dans Rome, vous parviendrez à posséder plus à fond votre langue maternelle. Du reste, que d'auteurs aussi intéressants qu'agréables à connaître, n'ont pas enfantés ces deux cités fameuses d'Athènes et de Rome? Ajoutez à cela, qu'une fois parfaitement instruits dans le grec et le latin, vous trouverez les langues vivantes infiniment plus faciles à étudier.

CCXL.

Dans l'ancienne Rome, la pauvreté ne fut jamais regardée comme un déshonneur. Le peuple ne s'informait pas si un citoyen était riche ou non. Pourvu qu'il aimât sa patrie, et qu'il fût en état d'en soutenir la gloire, peu lui importait qu'il possédât beaucoup de richesses, qu'il eût une table somptueusement servie, et un domestique nombreux et brillant. On ne faisait pas de difficulté de confier le commandement des armées à un simple citoyen, lorsque ses talents et sa bravoure l'avaient rendu recommandable. On se gardait bien de lui préférer un homme qui n'aurait été connu que par les belles actions de ses ancêtres. Jamais la république n'eut, dans ces temps-là, à se plaindre de ceux en qui elle avait mis sa confiance. Tant qu'elle fit plus de cas de la vertu que des richesses, elle régna en quelque sorte sur l'univers; mais, après la conquête de l'Asie, le luxe s'introduisit dans Rome; l'or et l'argent furent préférés au mérite, et les maîtres du monde devinrent le jouet des Barbares.

CCXLI.

La supériorité de Cicéron sur Démosthène est très-difficile à apprécier. En effet, examinons lequel des deux a eu le plus d'admirateurs. Les uns ont vanté la force et la véhémence du style de l'orateur grec; les autres ont préféré la pompe et l'harmonie de l'orateur romain. L'un admire dans Démosthène l'exemple d'un travail opiniâtre ; l'autre admire dans Cicéron la variété des ouvrages : c'est que les uns aiment une qualité, les autres une autre. Au reste, ces deux grands hommes méritent à juste titre la gloire impérissable qu'ils ont acquise. Ni l'un ni l'autre ne manquera jamais des hommages dus à de si grands génies.

CCXLII.

C'est se tromper que de croire que les biens que l'on recherche avec tant d'ardeur, et pour lesquels on se donne tant de peines, soient capables de satisfaire l'esprit. Que l'on pense différemment lorsqu'une fois on a acquis ces richesses après lesquelles on soupire ! on éprouve bientôt qu'on a plus de soucis à proportion qu'on possède plus d'or. Je me souviens d'avoir lu autrefois que des philosophes païens ont renoncé à tous les biens de la fortune, parce qu'ils étaient persuadés qu'ils ne seraient pas plus heureux, même quand ils les auraient en abondance. Combien le nombre des heureux serait plus grand dans le monde, si l'on pensait aussi sagement que ces philosophes ! Il semble que le ciel ait inspiré aux hommes cette pernicieuse passion des richesses, afin que par ce genre de supplice ils satisfissent à la vertu qu'ils outragent continuellement. Ne devrait-on pas avoir honte de faire tant de cas d'objets aussi périssables ?

CCXLIII.

Il n'y a point de vertu plus nécessaire à l'homme que la patience, et rien n'est plus contraire à notre tranquillité, que d'en manquer. Il est étonnant que les chrétiens de nos jours se mettent en colère pour la moindre injure, tandis que les païens nous ont laissé tant d'exemples de leur modération. Que devons-nous penser d'un père qui, sans être chrétien, ayant appris la mort de son fils, écouta cette nouvelle avec tant de résignation, qu'il se contenta de dire « que cette nouvelle n'avait rien d'extraordinaire, puisque toute la vie de l'homme n'est qu'un acheminement à la mort » ? Socrate lui-même, dont toute la vie est un modèle de patience, ayant reçu un sanglant outrage d'un méchant homme, ne voulut point s'en venger. Ses amis étant indignés de cette action, et l'engageant à mettre le coupable entre les mains de la justice, il leur dit qu'il serait indécent de poursuivre juridiquement un insolent qui ne méritait pas plus d'attention que le plus vil animal. Mais il est plus aisé de donner des préceptes de patience, que de les pratiquer ; et nous ressemblons en ce point aux mauvais médecins, qui se vantent de savoir guérir les autres, et ne peuvent se guérir eux-mêmes.

CCXLIV.

Je ne sais lequel des deux, d'Alexandre ou de Philippe, mérite plutôt le nom de Grand. Alexandre lui-même estimait tellement les grandes qualités de son père, qu'il disait hautement qu'il était jaloux de sa gloire. Philippe non-seulement rendit les Macédoniens redoutables, mais encore mit son fils en état de combattre les Perses avec avantage. Aussi prudent que brave, il n'avait pas moins d'adresse à conduire une affaire, que d'habileté à commander une armée ; il était aussi estimé que redouté de ses ennemis. Plus il remporta de victoires sur les Grecs, plus il affecta de modestie, n'ignorant pas que souvent les vaincus sont moins irrités par leur défaite, que par l'arrogance du vainqueur; et il était trop habile politique pour agir autrement. Alexandre, à la vérité, s'acquit une gloire immortelle par la conquête de l'Asie; mais les Perses étaient si énervés par la mollesse, que les Macédoniens, en quelque petit nombre qu'ils fussent, les vainquirent toujours : c'était Philippe qui les avait rendus invincibles par la discipline la plus sévère. Mais, autant Philippe avait affecté de modestie, autant Alexandre montra d'orgueil, au point qu'il voulut passer pour un dieu.

CCXLV.

On enseigne de bonne heure les langues aux jeunes gens, afin que, ces éléments une fois acquis, ils puissent se livrer à d'autres études non moins importantes. Ceux auxquels on n'enseigne pas ces principes dans les premières années, peuvent difficilement s'appliquer, dans un âge plus avancé, aux études de cette sorte, et même aux autres connaissances qu'on leur enseigne. Cicéron avouait qu'il aimait la gloire; il disait souvent qu'il lui importait beaucoup d'acquérir l'estime de ses concitoyens. Rien n'était plus doux pour lui, que de penser que son nom ne serait pas enseveli avec lui dans la tombe. Je suis persuadé qu'il parlait d'après son cœur; et d'ailleurs il l'a prouvé par ses actions. On aime à voir un homme appuyer le précepte par l'exemple. Combien alors ses discours ont plus de poids! Combien nous devons rendre grâce à son génie bienfaisant! Avec quel plaisir nous comblons d'éloges ce mortel privilégié! Nous ne faisons en quelque sorte que lui payer une portion de son patrimoine; car la gloire est le véritable patrimoine des grands hommes.

CCXLVII.

Je doute que ceux qui s'abandonnent à la paresse
regardent avec mépris ceux qui travaillent. Au contraire, je ne doute pas qu'ils ne les estiment; mais ils
n'ont pas assez d'empire sur eux-mêmes pour les imiter. Qui doute, en effet, que les récompenses attachées
au travail ne paraissent précieuses même à ceux qui
ne les méritent pas? Elles sont certainement très-dignes
d'envie à leurs yeux. Personne assurément ne se doute-
rait que ce soit là leur manière de penser, à en juger
par leur conduite. Mais il n'est pas moins vrai de dire
que ce qui leur manque, ce n'est point la conviction
du bonheur qui résulte de l'étude; c'est le courage de
vaincre les obstacles. Ils voient, en effet, lequel des
deux mène la vie la plus agréable, de celui qui ne sait
rien, ou de celui qui sait beaucoup de choses; ils sentent
le plaisir inexprimable qu'ils causeraient à leurs parents en faisant ce que leurs maîtres leur recomman-
dent. Ils sont donc bien à plaindre de ne pas travailler
sérieusement, de ne pas réparer la perte d'un temps si
précieux.

CCXLVII.

Les gens qui n'ont pas tant de vertu que d'instruction peuvent être admirés, mais non pas estimés. Et
c'est avec raison, dira tout homme sage; car ce qui importe le plus, c'est de mener une vie irréprochable,
et ceux qui ont tant de défauts que leur société en devient dangereuse, fussent-ils plus instruits que qui que
ce soit, ne méritent que le mépris. Tant que nous sommes favorisés de la fortune, mille adulateurs s'empres-
sent de nous apporter l'hommage de leur feinte admi-

ration. Tous les hommes, tant pauvres que riches, nous accablent de leurs éloges : les pauvres, afin de s'enrichir, les riches, afin d'accroître leur fortune; car plus on a d'or, plus on veut en posséder : tant il est vrai que l'intérêt privé guide les hommes dans toutes leurs actions! Mais le sort nous devient-il si contraire, que nous perdions nos brillantes richesses; dès lors, cette foule de prétendus amis se dissipe; et tel est le cas que l'on fait de l'argent dans ce monde, que tous ceux qui nous accablaient d'encens s'enfuient à la nouvelle de nos malheurs, portant à d'autres leurs caresses mercenaires.

CCXLVIII.

Le sage seul aime ses amis pour eux-mêmes. Sa fidélité est telle, qu'il leur présente une main secourable, lorsqu'ils sont accablés par les revers de la fortune. Il se montre bien différent de ceux dont l'attachement est si petit, que nous cessons d'être chéris d'eux quand nous cessons d'être heureux. Notre amour pour la Divinité n'est pas sans contredit aussi grand que sa bonté. Si cette admirable bonté était aussi petite que notre piété, notre sort, dont nous gémissons, serait infiniment plus à plaindre. Ah! plutôt, humilions-nous devant le souverain auteur des choses; et que nos louanges égalent, s'il se peut, ses innombrables bienfaits!

CCXLIX.

On ne doit point mesurer le bonheur d'après les richesses : pour avoir beaucoup d'or, ce n'est pas à dire pour cela qu'un homme soit heureux. Pour peu qu'on fasse attention au destin des mortels sur la terre, on verra qu'il est au pouvoir de chacun de nous, en grande

partie du moins, d'embellir le court voyage de la vie.
Pour moi, je suis convaincu que les grandes richesses
sont presque toujours la source de bien des maux. De
l'instruction et une conscience pure, voilà sur quoi se
fonde la félicité humaine. Mais cette instruction, qui
donne à notre existence tant d'agrément, personne ne
peut l'acquérir sans se livrer constamment à l'étude.
On ne saurait parvenir à une réputation brillante dans
les lettres, sans avoir consacré de longues années au
travail le plus assidu et le plus opiniâtre. Aussi ne sau-
rais-je voir sans gémir que plusieurs d'entre vous emploient mal leur temps, passent leur vie sans rien faire,
s'abandonnent, sans y penser, aux plus dangereux des
vices, à l'oisiveté, et perdent, sans que leur conscience
leur fasse aucun reproche, les plus beaux instants de
leur existence.

CCL.

Vous devez être convaincu que ceux qui emploient
bien leur temps sont plus heureux que qui que ce
soit; que le travail est aussi agréable que quoi que ce
soit; que vous êtes, lorsque vous travaillez, plus heureux que jamais, et que l'homme instruit est plus estimé qu'homme du monde. Autant vous aurez de savoir, autant vous aurez de bonheur; car plus vous con-
naîtrez de livres, plus vous aurez de remèdes contre
l'ennui. Autant vous estimerez les personnes dont
l'esprit est cultivé, autant elles vous estimeront elles-
mêmes. Plus vous aurez vous-même acquis d'instruction,
plus vous deviendrez jaloux d'apprendre. Ces réflexions
doivent paraître à quelques-uns d'entre vous d'autant
plus justes, qu'ils ont déjà ressenti le plaisir qui naît de
l'étude. Je leur prédis qu'ils se montreront plus avides
encore de travail, à proportion qu'ils auront acquis

plus de connaissances. Plus on dédaigne les vains amusements du monde pour se livrer à l'étude, plus on aime à passer ainsi son temps. Plus on met à profit ce trésor précieux, plus on est vertueux; car, ainsi que les anciens l'ont fort bien dit, l'oisiveté est la mère de tous les vices.

CCLI.

Le talent le plus médiocre, dirigé par la sagesse, est plus utile que la supériorité la plus marquée qui n'a d'autre guide que la folie. Un lièvre qui courait avec la plus grande vitesse, aperçut une tortue se traînant avec le moins de promptitude possible. Il lui dit d'un ton de mépris : « O ma bonne, où portes-tu ainsi ta maison? j'ai de toi la plus grande compassion, pour peu que tu aies à faire de chemin. Pour peu que cela te fasse plaisir, je me chargerai de ta commission le plus volontiers possible, je me contenterai de la plus légère rétribution. » La tortue se mit à rire. « Tu n'as jamais réfléchi, lui dit-elle, combien je l'emporte sur toi en vitesse. — Eh bien, lui dit le lièvre en sautillant, fais preuve de ton agilité; posons un but, et décidons le plus amicalement possible du prix du vainqueur. Mets-toi en route; pour moi, je vais me reposer et dormir le plus tranquillement possible, bien sûr de t'atteindre aussitôt. » La tortue se hâte lentement, elle touche au but. Le lièvre, s'étant réveillé, fait le plus de diligence qu'il peut, mais inutilement : il ne lui reste qu'à s'affliger de se voir vaincu par une tortue.

CCLII.

On raconte d'un avare un trait assez plaisant. Il avait acquis tant de richesses, qu'il passait pour un des plus opulents de la ville; il les estimait tant, qu'il faisait consister en elles tout son bonheur. Cet homme tomba en léthargie. Sa maladie fut telle, qu'on crut qu'il allait mourir. Déjà ses héritiers s'applaudissaient de si bon cœur, qu'ils entouraient les coffres et en cherchaient les clefs. Le malade avait pour ami un médecin qui lui était très-attaché, et qui voulut tenter de le soulager. Il fait mettre auprès de son lit une table chargée de sacs remplis d'argent, et ordonne à quelques personnes de s'approcher et de compter cet argent; puis, s'adressant au malade : « Faut-il qu'ayant autant d'argent que vous en avez, vous ne vouliez pas en jouir! Laisserez-vous vos héritiers s'en emparer? — Quoi! de mon vivant? s'écrie le malade. — Eh bien, dit le médecin, faites donc tous vos efforts pour secouer ce sommeil, et conserver votre vie. Vous êtes si faible que les forces vous manqueront bientôt : avalez cette potion. — Mais combien coûte-t-elle? — Dix sous seulement. — Malheureux que je suis! s'écrie le moribond, que m'importe que des héritiers m'enlèvent mon bien, ou que je le dépense en remèdes? »

CCLIII.

Le jour où J. César et Cn. Pompée, en étant venus aux mains dans la Thessalie, mirent fin à la guerre civile, il arriva à Patavium (Padoue), ville de l'Italie transpadane, un événement qui mérite d'être rapporté. Un prêtre, nommé Cornélius, d'une maison illustre, et aussi respectable par la sainteté de son ministère, que digne de vénération par la pureté de ses mœurs, s'écria subitement qu'il voyait au loin s'engager un combat terrible, puis les uns plier, et les autres les presser avec vigueur. Le carnage, la fuite, le renouvellement de l'action, la charge, les gémissements, les blessures, rien, d'après ses propres paroles, ne lui échappa : on eût cru qu'il était lui-même au fort de la mêlée. Enfin, il annonça tout à coup que César était vainqueur. Cependant, la prédiction du prêtre Cornélius parut d'abord sans fondement et même ridicule ; mais bientôt elle excita le plus grand étonnement : car, non-seulement le jour de la bataille livrée en Thessalie, et l'issue de cette bataille se rapportèrent à la prophétie ; mais encore toutes les chances réciproques du combat et le choc des deux armées furent reproduits par les gestes et les paroles du devin.

CCLIV.

Prenez garde que l'année ne finisse avant que vous ayez amassé les connaissances nécessaires pour obtenir les récompenses qui sont le fruit du travail annuel. Prenez garde que les armes dont vous avez besoin pour vaincre vos rivaux soient prêtes lorsque le jour de la lutte sera arrivé. Plusieurs d'entre vous ne prennent pas garde à la rapidité du temps. Gardez-vous bien de croire que le triomphe soit aisé. Il n'y a que ceux qui se livrent à l'étude avec une invincible opiniâtreté qui soient en droit d'élever leurs prétentions jusqu'à ces couronnes glorieuses, et qui méritent de les obtenir. Les talents naturels, lorsqu'ils ne sont pas cultivés, ne suffisent pas pour assurer la victoire. Ceux qui ne veulent pas se convaincre que la nature est impuissante par elle-même pour vaincre les obstacles qu'on rencontre dans la carrière des sciences, n'obtiendront jamais des succès sur lesquels ils comptent inutilement. Si les jeunes gens se montraient bien persuadés que plus on a de facilité, plus on doit étudier, afin d'acquérir un mérite éclatant, on trouverait dans la société plus d'hommes remarquables qu'on n'y en rencontre en effet.

CCLV.

N'attendez pas que la fin de l'année soit arrivée pour songer aux récompenses qui sont distribuées à cette époque. Ceux qui ne dirigent pas tous leurs efforts vers ce but, ne doivent pas s'attendre à recevoir le prix dû au travail ; quant à moi, je m'attends bien qu'ils ne l'obtiendront pas. Cette idée est cause que je m'indigne souvent contre eux. Je doute néanmoins qu'ils aient jamais honte de recevoir des reproches continuels. Je ne sais s'ils se repentiront en voyant les larmes de leurs parents ; j'ignore même s'ils auront jamais honte de leur excessive ignorance. Je doute qu'ils aient réfléchi sur les malheurs qu'ils se préparent. Je ne sais s'ils auront songé, depuis que je leur adresse des plaintes, au mépris qui est réservé à ceux qui ne sont capables de rien. Je doute fort qu'ils apprécient jamais l'utilité de l'étude. S'ils ne changent point de conduite, ils peuvent être certains qu'ils ne seront favorisés de personne. Bien loin d'être respectés, ils seront tournés en ridicule par tous ceux qui mettent quelque prix au trésor le plus précieux, je veux parler de l'instruction.

CCLVI.

Plusieurs élèves, parmi ceux qui ne travaillent pas, chérissent leurs parents, et désirent leur être agréables. Que ne s'appliquent-ils à leurs devoirs ? que tardent-ils ? Ils demandent que leurs parents les aiment, et ils ne font rien pour mériter cet amour. Que ne triomphent-ils de leur paresse ? Que leur coûterait cette victoire remportée sur eux-mêmes ? Elle leur coûterait quelques heures de travail. Que ne puis-je leur inspirer un courage capable de vaincre les plus grandes difficultés ? Que ne sont-ils persuadés que l'estime n'est accordée qu'à ceux qui s'en sont rendus dignes ? Quiconque ne suit pour guide que la paresse, reste dans l'opprobre. La vertu ne promet point de récompenses qu'elle ne donne. Si mes désirs étaient accomplis, aucun de vous ne serait content, qu'il ne sût tout ce qu'il est nécessaire de connaître à des jeunes gens dont l'esprit est cultivé. Que de consolations nous procure l'instruction dans l'adversité! Que nos disgrâces sont petites, lorsque nous trouvons dans nos lumières de quoi résister aux coups du sort!

<h3 style="text-align:center">CCLVII.</h3>

De quelque emploi que vous soyez revêtu dans la société, vous ne réussirez auprès des honnêtes gens qu'avec la probité et la bonne foi. Quels que soient les talents dont vous êtes doués, qui que ce soit qui vous protége, vous finirez toujours par perdre l'estime publique, si le mensonge et la fraude ne vous sont pas odieux. Ainsi, quelques desseins que vous formiez, de quelque ambition que vous soyez animé, ne quittez jamais le sentier de la vertu. Je sais que le vice est souvent heureux; mais pourtant, quelque faveur que le méchant reçoive d'abord de la fortune, quelque puissant qu'il paraisse, quelque estimé qu'il soit de certaines gens, quelque grandes que soient ses richesses, quelque petits que soient en apparence les maux auxquels il est exposé, il ne peut manquer de recevoir tôt ou tard le châtiment qu'il mérite, pour avoir acquis par des moyens illégitimes sa brillante fortune. Vous devez donc tous être convaincus qu'il n'y a pas de véritable félicité sans vertu, et que les dons du cœur sans ceux

de l'esprit, sont bien plus précieux que les dons de l'esprit sans ceux du cœur.

CCLVIII.

Vous devez toujours être envers vos parents les
mêmes que vous étiez dans votre enfance, c'est-à-dire
jaloux de justifier l'amour qu'ils ne peuvent s'empêcher
de vous porter, lors même que vous en êtes indignes. Il
faut être à leur égard les mêmes qu'ils vous voyaient
dans vos premières années. Souvent il se fait, dans le
caractère, des changements qui rendent le même homme
méconnaissable. Néanmoins, notre gratitude pour nos
parents pourrait-elle s'affaiblir dans l'âme de quelques-
uns d'entre nous? je ne le pense pas; il suffit pour l'empêcher, de rappeler quelquefois en son esprit l'énormité
d'un tel crime. Un fils ingrat, qui l'ignore? réduit ses
parents au désespoir, et se nuit à lui-même. Le temps,
qui refroidit toutes les autres affections, ne doit rendre
que plus vif les sentiments de piété qu'ils sont en droit
de réclamer de nous. Rien n'est plus odieux qu'un
homme qui méconnaît un bienfait qu'il a reçu : c'est
joindre la duplicité à l'ingratitude. C'est se conduire
tout autrement que la probité ne le veut; c'est se montrer tout autre qu'il ne convient à un homme de bien.

CCLIX.

La vérité n'a pas besoin d'ornements ni d'un grand
nombre de paroles. Son expression doit être simple
par elle-même. Aussi arrive-t-il souvent qu'un homme
qui parle beaucoup sort des bornes de la vérité, et
ajoute ce qui n'est pas. Il lui est difficile de ne pas ha-
sarder quelque fausseté. On a remarqué depuis longtemps que les babillards sont une espèce de gens fort

portés au mensonge, et qu'ils ouvrent souvent la bouche sans savoir ce qui va en sortir. Au contraire, Homère voulant faire l'éloge d'Ulysse, dit que ses paroles ne venaient pas de la bouche, mais de l'esprit; et Cicéron aimait mieux un homme sage qui ne disait mot, qu'un sot qui parlait sans cesse. C'est de là qu'est venu ce proverbe : « Qu'un menteur doit avoir bonne mémoire; » car, le moyen de ne pas se contredire quand on veut tant parler ! Le philosophe Anacharsis, assistant à un repas avec Solon, s'endormit; on remarqua qu'il avait la main sur sa bouche. Un autre sage de l'antiquité avait coutume de dire à ses disciples : « Mes amis, en quelque compagnie que vous soyez, écoutez beaucoup, mais parlez peu : on ne s'est jamais repenti de s'être tu. »

CCLX.

Si vous saviez combien je désire que vous fassiez assez de progrès pour vaincre vos rivaux à la fin de l'année; si vous saviez combien cette victoire serait douce pour moi, vous travailleriez avec une ardeur incroyable. Qui pourrait croire cependant que parmi un nombre si considérable d'élèves, il s'en trouve tant qui ne satisfont pas à leurs devoirs ? J'ignore à quelles études ils se livrent hors du collége; je ne sais ce qu'ils ont fait dans leurs premières années; j'ignore quelles connaissances ils avaient acquises lorsqu'ils ont commencé à fréquenter les écoles publiques; je ne sais comment ils ont employé leur enfance; mais il est certain qu'ils ont besoin du travail le plus opiniâtre pour réparer le temps perdu. J'ignore s'ils embrasseront enfin des principes plus sages, et si mes conseils seront négligés ou non. J'ignore s'ils auront honte de leur ignorance, et s'ils tâcheront d'y remédier. Je doute

beaucoup que le goût de l'étude s'empare d'eux; je
doute même qu'ils se fissent remarquer avec des rivaux
moins redoutables. C'est à eux à démentir un jugement
si peu favorable : ils le peuvent en redoublant d'application.

CCLXI.

L'empereur Aurélien, dont la mémoire fut si chère
aux Romains, se distingua surtout par ses belles actions : il était aussi bon général que brave soldat.
Ayant autant de talent que César pour la guerre, il était
plus vertueux que lui. Il assiégeait un jour une ville
qui faisait la résistance la plus opiniâtre, et il jura dans
sa colère qu'il n'y laisserait pas un chien vivant. Un des
assiégés, craignant de périr, livra la ville. L'empereur
entra dans la place à cheval et suivi de ses soldats, qui
attendaient avec impatience qu'on leur donnât le signal
pour massacrer les habitants de la ville. Les habitants
consternés viennent se jeter aux pieds du vainqueur,
qui, touché de compassion, les reçoit avec bonté. Les
soldats, voyant avec peine que l'empereur allait pardonner à ces malheureux, lui rappellent son serment :
« J'ai juré, dit le prince, de ne pas laisser dans la ville
un chien vivant : tuez-les donc tous, mais qu'on épargne
les habitants. » Par là, il trompa l'avarice et la cruauté
des soldats, et s'attira l'estime de ses ennemis, l'amour
de ses sujets et l'admiration de la postérité.

CCLXII.

On se demande encore si Clovis était plus guerrier
que versé dans la science du gouvernement. Il mainte-
nait parmi ses troupes une exacte discipline, et la faisait observer par son autorité. Dans le pillage de la

ville de Reims, il se trouva un vase très-précieux qui appartenait à l'église de Soissons. SaintRémi, évêque de la ville, vint le réclamer, et Clovis allait le lui rendre, lorsqu'un soldat le brisa d'un coup de hache, prétendant que, le butin appartenant à tous, le prince ne pouvait disposer d'aucune portion. Clovis dissimula, parce qu'il eût été dangereux de punir alors cette insulte. Mais, l'année suivante, comme il faisait la revue de ses troupes, il aperçut le même soldat, lui arracha sa hache, sous prétexte qu'elle était en mauvais état, et la jeta par terre. Le soldat s'étant baissé pour la ramasser, il lui fendit la tête de sa *framée*, en lui disant : « Souviens-toi du vase de Soissons. » Cette action, bien qu'elle répugne à nos mœurs, était si nécessaire alors, que les peuples et les soldats respectèrent davantage un prince qui punissait si sévèrement. Heureux, s'il eût toujours pratiqué les vertus qui font les grands rois, et s'il se fût contenté de fonder son empire par sa valeur et son habitude dans les affaires !

CCLXIII.

Vous n'ignorez pas assurément qu'on ne doit rien négliger pour se secourir mutuellement. La justice et la probité nous défendent de nuire à qui que ce soit. Combien y en a-t-il cependant qui suivent une maxime si sage ? La plupart de ceux qui possèdent de grands biens abusent le plus souvent de leur pouvoir pour opprimer les pauvres, bien loin de les protéger et de les défendre. On dirait qu'ils ne sont nés que pour eux-mêmes. Qui doute que les plus grands châtiments ne leur soient réservés ? Ils sont d'autant plus coupables, que ces biens, dont ils font un si mauvais usage, ne leur ont été donnés que pour subvenir aux besoins des pauvres.

CCLXIV.

La condamnation de Socrate est un monument bien triste de l'iniquité des hommes. Sa vertu exemplaire ne devait-elle pas réduire au silence les infâmes accusateurs qui prétendaient qu'il corrompait la jeunesse d'Athènes? Sa vie irréprochable ne devait-elle pas le sauver? Quels supplices donc doivent être réservés à l'homme souillé de vices, si Socrate a subi la peine due aux seuls criminels? C'est la vertu de ce philosophe qui l'a perdu; c'est cette vertu qui a soulevé contre lui la jalousie et la haine des méchants. Ce grand homme se montra tel dans sa prison et au moment où il tenait la coupe fatale, qu'il s'était montré pendant toute sa vie. Il fut tel que ses disciples l'avaient toujours vu; mais ses concitoyens, n'écoutant que leur aveugle fureur, ne tinrent aucun compte de cet héroïsme : tels étaient les Athéniens; tant il est vrai de dire : tel peuple, tel caractère et tels actes ! Telle est encore la condition humaine; il semble néanmoins qu'on pourrait avec justice s'indigner contre de telles gens.

CCLXV.

Pour peu que l'on considère combien l'étude présente d'avantages, on sentira que la Providence a voulu, en nous accordant ce précieux bienfait, compenser les maux auxquels nous ne pouvons manquer d'être exposés dans la vie. Plus on contracte le goût du travail, plus on reconnaît combien sont purs les plaisirs dont il est la source. Bien loin qu'ils soient suivis de dégoûts et de regrets, il semble qu'après en avoir connu les charmes, on se sente plus avide encore de les savourer, sans jamais s'en rassasier. En effet, à mesure que nous nous pénétrons bien de notre ignorance, le désir d'apprendre nous enflamme davantage, et nous sommes d'autant plus jaloux de connaissances, que nous en acquérons chaque jour de nouvelles. Vos parents vous invitent chaque jour à satisfaire à leurs vœux les plus ardents; pour moi, j'excite aussi chacun de vous à remplir exactement ses devoirs, et je serai toujours le premier à vous exhorter à écouter leurs conseils : c'est l'unique moyen de mériter leur affection, et de jouir d'un bonheur véritable.

CCLXVI.

Socrate était le citoyen le plus sage d'Athènes. C'était celui que ses concitoyens estimaient le plus. Il se montrait envers ses disciples le plus indulgent possible. Il usait envers eux du plus de douceur qu'il pouvait : il attirait vers lui le plus de jeunes gens qu'il pouvait, afin de leur enseigner la sagesse; car il passait aux yeux des Athéniens pour le plus capable qu'ils connussent, de donner d'excellentes leçons en tout genre. Enfin, les jeunes gens les moins dociles, ceux que leurs condisciples estimaient le moins, devenaient meilleurs avec lui. Il se montrait, à l'égard de ces sortes d'élèves, le moins sévère qu'il pouvait, pour ne point les rebuter. Il employait le moins de rigueur qu'il lui était possible; il leur faisait le moins de réprimandes que le comportaient leurs mauvaises inclinations. En un mot, dans quelques circonstances qu'il se trouvât, il agissait toujours de manière qu'il passait, même aux yeux des ennemis du mérite, pour l'homme le moins répréhensible qu'Athènes eût jamais produit.

CCLXVII.

Peu de gens ont assez de jugement pour s'estimer ce qu'ils valent ; peu sont assez clairvoyants pour se rendre justice. La vanité est le plus ordinaire des vices. On voit des élèves qui n'ont aucun mérite, et qui ont assez peu de sens pour se croire plus instruits, plus habiles, plus dignes enfin d'être recherchés, que qui que ce soit ; ils s'estiment trop eux-mêmes pour estimer personne au monde. Ne croyez pas qu'ils aient le moindre désir de remporter les palmes qu'on décerne à la fin de l'année. Cependant, à peine le mois de juillet sera-t-il arrivé, que les combats recommenceront. Aussitôt que la carrière sera ouverte, les rivaux se sentiront agités, les uns par la crainte, les autres par l'espérance. Mais la victoire est réservée à celui qui aura songé plus tôt que les autres à l'importance de la lutte ; celui-là doit nécessairement arriver plus tôt au but, et obtenir le fruit de ses travaux. Maintenant donc que le temps désiré approche, redoublez de zèle. Il y a déjà plusieurs mois que je vous fais de pareilles exhortations ; mais aujourd'hui elles deviennent plus nécessaires que jamais.

CCLXVIII.

Ce qui assure les progrès dans l'étude des sciences, c'est le désir d'apprendre. Ce dont je suis persuadé, c'est qu'un jeune homme qui éprouve ce désir, se montrera doué en même temps de la constance et de la ténacité nécessaires pour le satisfaire. C'est avoir une idée tout à fait fausse du mérite, que de le regarder comme aisé à obtenir. Sous le commandement de Thémistocle, les Grecs remportèrent à Salamine une victoire complète sur les

Perses. Dans la suite ce grand capitaine, ayant été banni d'Athènes, se retira chez Artaxerxès, roi de Perse, qui le combla de biens. Cependant, ce prince lui ayant demandé son secours dans la guerre qu'il voulait entreprendre contre la Grèce, il aima mieux mourir que de porter les armes contre sa patrie. Mélitus accusa Socrate, et, étant favorisé de quelques hommes corrompus comme lui, il parvint à faire condamner ce grand philosophe. Comment Socrate, ayant autant de sagesse qu'il en avait, pouvait-il être capable de quelque crime ?

CCLXIX.

La sagesse ne laisse point de place au mal. En effet, il n'existe pas pour le sage d'autre mal que l'infamie. Or, l'infamie ne peut jamais se rencontrer avec la vertu et l'honnêteté. S'il est vrai que l'injure est la souffrance d'un mal quelconque, le sage, par conséquent, ne peut ni ne doit éprouver aucun mal, il ne saurait non plus recevoir aucune injure. Toute injure ôte quelque chose à celui à qui elle est faite. Nul homme ne peut ressentir une injure sans éprouver quelque dommage dans sa dignité, ou dans sa personne, ou dans les choses qui sont placées hors de lui. Mais le sage ne peut rien perdre : tout ce qu'il possède est en lui-même. Chez lui, rien n'est abandonné à la fortune; il se contente de la vertu, qui n'a aucun besoin de ce qui dépend du hasard. La fortune après tout, on ne saurait en douter, ne ravit que ce qu'elle a donné. Or, ne donnant pas la vertu, laquelle ne saurait dépendre de ses caprices, elle n'a pas le pouvoir de l'enlever. La vertu est un bien qui se trouve, comme on le voit, la possession inviolable du sage.

CCLXX.

Louis IX, roi de France, étant attaqué d'une maladie
dangereuse, crut entendre un jour une voix qui lui
ordonnait d'aller délivrer la Palestine du joug des Sarrasins. Il ne balança pas de promettre à Dieu de s'exposer à toute sorte de dangers, tant sur terre que sur
mer, pour aller combattre les ennemis du nom chrétien. Il ne fut pas plutôt guéri, qu'il se prépara à remplir son vœu. Ce n'est pas que bien des gens ne lui
représentassent les périls d'une telle entreprise : sa
mère, ses ministres, son épouse l'engageaient à rester
au milieu de ses sujets ; mais leur sentiment ne préva-
lut pas. Ce pieux monarque crut qu'il devait étendre
ses soins jusque sur les chrétiens de la Palestine. Ce qui
touchait le plus son cœur, c'étaient leur misère et leurs
dangers pressants. Il se persuadait qu'il était juste
d'arracher à la plus dure servitude un pays si célèbre
par les miracles de Jésus-Christ, et arrosé de son sang.
Le zèle du roi fut secondé par celui de ses sujets, qui ne
demandaient pas mieux que de faire la guerre. Tous
les grands du royaume et une multitude prodigieuse de
soldats le suivirent dans ces pays lointains.

CCLXXI.

Vous demandez d'où est venu l'usage de saluer ceux
qui éternuent. Les poëtes donnent à cette coutume une
origine assez plaisante. Prométhée, disent-ils, ayant
fait une figure humaine, voulut lui donner la vie,
comme il lui avait donné la forme. Or, voici comment
il s'y prit. S'élançant, on ne sait trop comment, au milieu des airs, il arrive jusqu'au char du Soleil ; il se cache

derrière, de crainte d'être aperçu des yeux vigilants de Phébus. Il avait eu soin d'apporter avec lui une fiole, dans laquelle il enferma quelques rayons du Soleil. Après avoir bouché le mieux qu'il peut l'ouverture de la fiole, content de son larcin, il descend du ciel plus promptement qu'il n'y était monté. Il rejoint la statue, qu'il trouve inanimée comme auparavant. Alors prenant sa fiole, il la débouche, l'approche des narines de cette figure; et, chose étonnante! à peine la vapeur s'est-elle échappée, que la statue éternue fortement à diverses reprises. « Que Dieu te conserve la vie! » s'écrie Prométhée au comble de la joie. Il faisait la même exclamation chaque fois qu'elle éternuait : de là l'usage de dire à ceux qui éternuent : « Dieu vous conserve. »

CCLXXII.

Tout le monde convient qu'il est nécessaire de faire succéder le repos au travail. Si l'esprit est continuellement occupé d'études sérieuses, il devient moins propre à s'y livrer avec fruit. Il faut souvent l'en arracher, afin de le distraire par des objets moins intéressants. Si on ne lui donnait quelque relâche, on le verrait bientôt tomber pour ainsi dire dans l'engourdissement. Aussi est-il besoin de le récréer par quelque amusement honnête, seul moyen de lui faire recouvrer des forces qu'un travail trop longtemps soutenu a pu lui enlever. Il en est de l'esprit comme d'un arc : s'il est toujours tendu, il ne tarde pas à se rompre. On a vu les esprits les plus brillants s'éclipser, s'évanouir entièrement, pour s'être refusé quelques moments de repos. Ésope vient confirmer ce que j'avance. Il n'était pas rare de le voir se dérober à ses plus sérieuses occupations, pour aller jouer aux noix avec les enfants. Un poëte également sage a dit que le travail a besoin de s'aider du repos, que le repos retrempe l'âme et répare ses forces affaiblies.

CCLXXIII.

L'Égypte a toujours passé, aux yeux des anciens, pour l'école de la sagesse la plus renommée. On l'a toujours regardée comme le berceau des sciences et des arts. Ses plus nobles travaux comme son plus bel art consistaient à former les hommes. La Grèce était tellement convaincue de cela, que ses plus illustres personnages, Homère, Pythagore, Platon, Lycurgue, Solon, vinrent dans l'Égypte, afin de se perfectionner dans les sciences humaines. L'histoire sacrée lui rend un témoignage non moins flatteur, en louant Moïse de s'être instruit dans toute la sagesse des Égyptiens. Je ne pense pas autrement que Cicéron, qui dit que les lettres nous procurent un asile dans l'adversité. Il me serait aisé de citer ici mille personnages qui, dans tous les temps, en ont fourni la preuve; mais je ne doute pas que l'exemple de Cicéron lui-même ne doive faire plus d'impression sur votre esprit. Il confesse qu'au milieu des troubles qui désolaient la république, il n'y avait pour lui d'autre consolation que dans les lettres.

CCLXXIV.

Ce qu'on estime le plus n'est pas toujours le plus digne d'être estimé. L'avare entasse le plus de trésors qu'il peut, parce qu'il n'estime rien tant que l'or; et il n'en est pourtant que plus malheureux, attendu que cet or même est peut-être la chose du monde que l'on doit le moins estimer. N'est-ce pas l'or, en effet, qui cause tant de maux aux pauvres humains? Toute notre vie se consume à chercher les moyens de nous enrichir; et la poursuite d'une proie si peu digne de nos désirs devient pour les hommes le germe de guerres continuelles. Combien s'en faut-il que la vertu, tout aimable qu'elle est, nous entraîne aussi puissamment vers elle! tant l'amour des richesses l'emporte, dans nos cœurs, sur les attraits de la vertu! Aveuglés par nos passions, nous regardons comme autant de chimères ces modèles parfaits qui apparaissent de loin en loin sur la terre. Cependant l'amour des richesses et l'ambition sont les deux passions qui ont donné au monde les spectacles les plus tristes et les plus sanglants.

CCLXXV.

Un jour que Racine revenait de Versailles pour voir son épouse et ses enfants, le prince de Condé lui envoya dire qu'il l'attendait à dîner. « Quel que soit l'honneur que me fait Son Altesse, répondit-il à l'envoyé, il m'est impossible d'aller chez elle. Il y a plus de huit jours que je n'ai vu ma femme et mes enfants. Ils se font une fête de manger aujourd'hui avec moi une très-belle carpe; je ne puis me dispenser de dîner avec eux. » L'envoyé lui représentant que le prince serait mortifié de son refus, Racine fit aussitôt apporter le poisson, qui pouvait valoir trois livres, et le montrant à l'officier : « Jugez vous-même, lui dit-il, si je puis me dispenser de dîner aujourd'hui avec ces pauvres enfants qui ont voulu me régaler, et qui n'auraient plus de plaisir, s'ils mangeaient ce plat sans moi? » L'envoyé rapporta fidèlement la chose au prince; et ce qu'il dit de la carpe devint l'éloge de Racine qui s'était cru obligé de la manger en famille.

CCLXXVI.

Ptolémée , roi d'Égypte, croyait rendre un grand service à César en lui envoyant la tête de son ennemi. Mais César était autre qu'il ne pensait ; il était incapable d'approuver une action aussi criminelle. A peine l'ingrat Ptolémée aperçut le vaisseau qui portait le malheureux Pompée, qu'il envoya des gens pour le tuer. Au lieu de le trahir lâchement, il devait protéger dans sa mauvaise fortune celui à qui il avait tant d'obligations ; il ne se fût pas rendu indigne de l'amitié de César. En effet , celui-ci ne cherchait que la gloire de vaincre son ennemi , et n'en voulait point à sa vie. Il l'avait suivi avec tant de diligence, qu'il arriva presque aussitôt que lui en Égypte. Il ne fut pas plutôt débarqué, que Ptolémée lui envoya le fatal présent. César, loin d'approuver une action aussi noire , ne put s'empêcher de répandre des larmes. « Est-ce donc là, s'écria-t-il, cette tête si chère , ce héros que les dieux ont tant de fois protégé dans les plus grands périls, que les peuples ont tant respecté, et dont j'ai peine à égaler la gloire, tout vainqueur que je suis ? »

CCLXXVII.

La plupart des hommes soupirent après les richesses , comme si les richesses étaient la source du vrai bonheur. Il n'en est cependant pas ainsi ; et l'expérience de chaque jour fait assez voir que le bonheur ne s'achète pas au prix de l'or. Il arrive bien souvent que celui qui a passé plusieurs années dans des fatigues continuelles, en se flattant de jouir d'un agréable repos quand il aura amassé de grandes richesses, ne trouve jamais ce repos qui semble s'être éloigné de lui pour toujours. En effet, plus il a, plus il veut avoir ; et celui à qui la fortune a souri pendant plusieurs années, ne peut se persuader qu'un jour elle lui devienne contraire. Celui-là seul est vraiment heureux, qui sait borner ses désirs ; mais que l'on trouve peu de gens qui sentent cette vérité !

CCLXXVIII.

Clovis, célèbre par une longue suite de triomphes, succéda à Childéric son père. On lit dans l'histoire qu'il fit la guerre à Siagrius, et le vainquit sur le territoire de Soissons : il s'empara de cette ville, ainsi que du pays circonvoisin, qui jusqu'alors avait été fidèle aux Romains. On sait qu'il épousa Clotilde, également recommandable par sa piété et par sa naissance. Ce prince était idolâtre ; mais on vous a dit qu'il promit à Clotilde d'embrasser la religion chrétienne. Peu de temps après, on vit s'allumer la guerre entre les Francs et les Germains. On en vint aux mains dans les plaines de Tolbiac. On douta longtemps de quel côté serait la victoire ; mais Clovis, dit-on, se prosternant devant le Dieu que Clotilde adorait, fit vœu de se convertir s'il était vainqueur. On sait qu'il gagna la bataille, et se fit baptiser par saint Remi, évêque de Reims. On rapporte que ce pontife lui adressa ces paroles : « Courbe la tête, fier Sicambre ; adore ce que tu as brûlé, et brûle ce que tu as adoré. » Clovis mourut à Paris, âgé de quarante-cinq ans.

CCLXXIX.

Sylla, après avoir fait périr cent mille de ses concitoyens par les armes, quatre-vingt-dix sénateurs, et

près de trois mille chevaliers par les proscriptions, osa
abdiquer la dictature. Il renvoya ses licteurs, et se pro-
mena ensuite au milieu de la place publique avec quelques-uns de ses amis. Il retourna le soir à sa maison,
seul, comme un simple particulier, sans que personne,
parmi un si grand nombre d'ennemis qu'il s'était faits,
osât lui manquer de respect. Il n'y eut, dans une si
grande ville, qu'un jeune homme qui l'insulta publiquement. Sylla, sans daigner lui répondre, dit seulement, par une espèce de prédiction, que l'insolence de
ce jeune homme serait cause que, si quelqu'un après
lui parvenait au même degré de puissance, il ne s'en
démettrait pas aussi facilement qu'il venait de le faire.
Sylla, après tant de sang répandu, mourut tranquillement dans son lit, comme le plus paisible citoyen de la
république. Il composa lui-même son épitaphe peu de
jours avant sa mort. Elle portait que jamais personne
n'avait fait plus de bien à ses amis, ni plus de mal à ses
ennemis.

CCLXXX.

Gardez-vous de juger des choses humaines d'après
l'événement. Souvent les entreprises les plus insensées
ont réussi, souvent encore les plus sages ont été
malheureuses. Un ancien a dit ingénieusement que
l'événement était le maître des sots, ce qui signifie
qu'il y a de la sottise à blâmer ou à louer les entreprises d'un homme d'après l'événement. Le vulgaire
vante le conquérant de l'Asie entière, Alexandre. C'est
un prodige de valeur; on ne parle que de son courage,
que n'arrêta jamais aucun danger; on le propose pour
modèle à tous les guerriers. Cependant, à considérer de
sang-froid les actions de ce héros, quelle témérité n'y

découvre-t-on pas ! Ce prince, en effet, abandonna toujours tout, et sans réfléchir, à la fortune.

CCLXXXI.

Diagoras de Rhodes avait rehaussé l'éclat de sa naissance par une victoire remportée dans les jeux solennels d'Olympie. Il amena dans cette ville deux de ses enfants, qui concoururent et méritèrent la couronne. A peine l'eurent-ils reçue, qu'ils la posèrent sur la tête de leur père, et, le prenant sur leurs épaules, le promenèrent en triomphe au milieu des spectateurs, qui le félicitaient en jetant des fleurs sur son passage, et dont quelques-uns lui disaient : « Mourez, Diagoras, car vous n'avez plus rien à désirer. » Le vieillard, ne pouvant suffire à son bonheur, mourut aux yeux de l'assemblée attendrie de ce spectacle, baigné des pleurs de ses enfants qui le pressaient entre leurs bras. Le même événement se renouvela, un siècle après, pour une même cause, et fut célébré par Pindare. Le sage Milon expira de joie en embrassant son fils qui venait de remporter la victoire ; et tous ceux qui assistaient aux jeux Olympiques voulurent assister à ses funérailles.

CCLXXXII.

Le chevalier Bayard termina sa glorieuse carrière par une mort digne d'un héros. Cette mort, qu'il avait si longtemps cherchée, il la trouva dans la bataille de Biagras. Il tomba atteint d'une blessure mortelle. Il respirait encore lorsque ses soldats l'emportèrent sur leurs bras. Il leur ordonna de le placer au pied d'un arbre, le visage tourné vers l'ennemi. « Tant que j'ai vécu, dit-il, je ne lui ai jamais tourné le dos ; il ne convient pas que je le fasse en mourant. » Peu de temps après, le connétable de Bourbon étant venu à passer par là, et voyant Bayard près d'expirer, s'écria : « Chevalier sans peur, que je vous plains! » Mais celui-ci, recueillant avec peine ce qu'il avait de forces, lui fit cette belle réponse : « Vous n'avez point à vous lamenter sur mon sort ; c'est à moi de plaindre le vôtre. Je meurs courageusement pour ma patrie ; et vous êtes assez lâche non-seulement pour abandonner votre roi, mais encore pour le combattre, et porter les armes contre votre patrie. » Ayant prononcé ces mots, Bayard remit son âme entre les mains du Dieu des armées, qui inspire aux héros le courage et la grandeur d'âme.

CCLXXXIII.

On vit réunis dans la personne de Louis IX, roi de France, la piété avec la fermeté, la justice et l'heureux assemblage de toutes les vertus. On a dit de lui, comme du jeune Tobie, qu'il apprit dès son enfance à craindre et à aimer Dieu. Le célèbre évêque de Meaux, Bossuet, en parlant de ce saint roi, ajoute que l'on remarquait une foi si vive en lui, que l'on eût dit qu'il voyait de ses propres yeux les redoutables mystères de la religion. On sait qu'à la guerre il n'appréhendait aucun danger. Deux fois il traversa les mers pour mettre en liberté les chrétiens accablés sous le poids d'une dure servitude. On ne doute nullement qu'un dessein si glorieux n'eut eu une heureuse fin ; mais on sait qu'après qu'il eut pris la ville de Tunis, une maladie contagieuse se mit dans so narmée, et qu'en ayant été lui-même atteint, il mourut. On sait que saint Louis laissa partout des marques de sa piété et de son amour pour ses peuples, fondant des monastères et des hospices, afin de pourvoir au soulagement des maux qui affligent l'humanité.

CCLXXXIV.

Il y avait dans la Scythie une contrée où l'on adorait Diane. C'était un usage établi par les premiers Scythes, d'immoler tous les étrangers qui y abordaient. C'est de là sans doute que l'autel, qui était d'abord d'une pierre blanche, fut ensuite entièrement rougi de sang humain. Sous le règne de Thoas, une jeune fille, d'une naissance distinguée, nommée Iphigénie, était prêtresse de Diane. La jeune princesse, depuis longtemps, prêtait, malgré elle, ses mains à ce triste ministère, lorsque deux jeunes gens abordèrent sur ces côtes. Ils étaient tous deux du même âge, et tous deux unis de la même amitié; l'un était Oreste et l'autre Pylade. Ils sont l'un et l'autre conduits à l'autel de Diane, les mains liées derrière le dos. L'un devait être immolé, et l'autre porter dans sa patrie cette triste nouvelle. C'était à Pylade à mourir. Il prescrit à Oreste de partir. Celui-ci refuse, et tous deux se disputent à l'envi à qui mourra. Tandis que ce généreux combat de l'amitié se passe entre ces deux jeunes gens, Iphigénie, qui avait appris qu'ils étaient de la même ville qu'elle, donne des commissions pour son frère, et celui qu'elle en charge est son frère lui-même; à l'instant les jeunes gens enlèvent la statue de Diane, et s'embarquent avec Iphigénie.

CCLXXXV.

Quelles merveilles les auteurs nous rapportent au sujet de l'éléphant! Combien ils se donnent de peine, pour nous présenter comme en un petit tableau le génie de leur animal favori! De quelles expressions ne relèvent-ils pas ce qu'ils se plaisent à en raconter! Aristote écrit que l'éléphant est le modèle de la plus profonde sagesse. Cicéron affirme que de tous les animaux que la nature a rendus esclaves de leurs sens, aucun n'est plus prudent que l'éléphant. Strabon jure par tous les dieux que cet animal est supérieur à tous les autres. Philostrate élève aux nues sa rare intelligence. Pline nous apprend que son courage répond à la grandeur de son corps, et que sa majestueuse corpulence impose à tout ce qui l'aperçoit. Il ajoute qu'il est honnête, sage, juste, religieux, et qu'il adore le soleil, les étoiles et la lune. Pline assure qu'à la guerre l'éléphant est attentif aux moindres signes de son guide, et qu'il sait garder son rang. Sénèque raconte qu'en Éthiopie il y a des éléphants qui dansent sur la corde; et Plutarque assure positivement qu'il en est qui manient supérieurement toutes sortes d'armes.

CCLXXXVI.

La religion païenne n'avait pas assez obscurci l'esprit des hommes, pour qu'il n'y restât encore quelques traces de la vérité que Dieu y avait gravée au moment de la création. Entre plusieurs preuves que l'on peut en donner, on citera la croyance où ils étaient que chaque homme avait un bon ou un mauvais génie. Le bon génie procurait les biens, l'autre causait les maux. Quand Jupiter voulait faire prospérer un homme, il le faisait guider par son bon génie, et le rendait docile lui-même à ses bons conseils. Au contraire, quand il voulait le perdre, il l'abandonnait à son mauvais génie. La vraie religion s'accorde en ce point avec la fausse, que l'Être suprême est l'auteur des biens et des maux.

CCLXXXVII.

Xénophon, fils de Gryllus, était Athénien. On sait que la douceur de son langage le fit surnommer l'abeille de l'Attique, et qu'il réunit en sa personne les qualités de grand capitaine, de philosophe et d'historien. Il partit avec les dix mille Grecs qui furent envoyés pour soutenir le jeune Cyrus dans sa révolte contre Artaxerxès Mnémon, son frère. Après la mort de Cléarque, ce fut lui qui effectua cette admirable retraite, qu'on appelle communément la retraite des Dix mille, et dont il a lui-même écrit l'histoire. Cette histoire n'est pas la seule que nous ayons de lui. On sait qu'il continua celle de la guerre du Péloponèse, et qu'il la commença où Thucydide avait fini. Il n'est personne qui ignore qu'il est aussi l'auteur de la Cyropédie ou Institution de Cyrus. Il a fait d'autres ouvrages encore, qu'il est inutile de citer ici. On est étonné toutefois qu'un si grand personnage se soit montré superstitieux. Car on assure qu'il ne marcha au secours de Cyrus, ainsi que nous l'avons dit plus haut, qu'après avoir consulté l'oracle sur le succès de son entreprise. Il mourut à Corinthe la première année de la cent cinquième olympiade.

CCLXXXVIII.

On n'est jamais assez puissant pour n'avoir pas besoin d'un plus faible que soi. Quelque élevés que nous puissions être, nous ne le sommes jamais au point que notre situation ne puisse changer. Qui eût jamais cru qu'un lion, le roi des animaux, ne fût pas trop puissant pour avoir jamais besoin d'un rat? Cependant, si l'on en croit la fable, cet animal ne fut pas trop petit

pour lui rendre service. Il tomba en folâtrant sous la
griffe d'un lion. Trop craintif pour n'être pas effrayé
du danger, il eut recours aux prières : « Je suis, dit-il,
une trop chétive victime pour être digne d'un si grand
roi. » Le lion, touché d'une prière si respectueuse, lui
pardonna et le laissa aller. Mais le lion lui-même,
marchant un jour avec trop peu de précaution pour
apercevoir un piége qui lui était tendu, y tomba. Il fit
entendre d'horribles rugissements; mais il y eut trop
peu de cœurs sensibles aux accents du malheureux,
pour lui porter secours. Peut-être trop peu furent-ils
assez hardis pour s'y exposer. Cependant le rat, qui, du
fond de son trou, venait d'entendre les gémissements
de son bienfaiteur, accourut, rongea les mailles les unes
après les autres, et délivra à son tour le lion.

CCLXXXIX.

Parmi plusieurs hommes célèbres que l'Espagne a
produits, on remarque surtout Fernand Cortez. Ce général, avec moins de six cents hommes, conquit dans
l'Amérique un royaume très-florissant, et subjugua une
nation innombrable. Dès qu'il eut abordé aux côtes du
Mexique, pour ôter à ses soldats toute espérance de retour, il brûla ses vaisseaux. L'empereur du Mexique ayant
appris que des étrangers inconnus, armés de fer et de
feu, et qui semblaient descendre du ciel, traversaient
ses provinces et avançaient à grandes journées vers la
capitale de son empire, envoya à Cortez une ambassade
composée des personnages les plus distingués, pour lui
demander s'ils étaient des hommes ou des dieux, pourquoi et dans quelle intention ils étaient venus dans
son empire. Cortez répondit qu'ils étaient des hommes
et non des dieux, qu'ils venaient traiter avec l'empe-

reur d'une affaire très-importante, qu'ils avaient envie de traverser les terres de l'empire, sans faire aucun mal, qu'ils voulaient voir l'empereur dans sa capitale, et qu'ils le priaient de ne pas s'y opposer.

CCXC.

Celui qui oublie les pauvres est pire que les animaux, il ne mérite pas de vivre. L'homme qui attente à la vie de son semblable mérite lui-même la mort. Or, celui qui refuse de soulager le malheureux lui donne en quelque sorte la mort; il n'est donc pas digne de voir la lumière. Rappelle-toi toujours ces paroles: « Homme, n'oublie point ton semblable. » Gillias d'Agrigente était très-opulent, mais il avait encore plus de générosité que de richesses. Il se montrait plus occupé à répandre des trésors qu'à en amasser. Aussi pouvait-on dire avec vérité que sa maison était comme un bureau d'où sa bienfaisance répandait ses largesses : de là provenaient ces secours qui soulageaient les malheureux dans les temps de disette, ces dots qui établissaient de pauvres filles, ces aumônes qui relevaient des familles ruinées par des revers de fortune. A voir tant de libéralités, on eût pris la maison de Gillias plutôt pour le séjour de la Fortune, que pour la demeure d'un homme; puisque le bien qu'il possédait était comme le patrimoine commun de tout le monde. Aussi la ville d'Agrigente fit-elle constamment des vœux pour sa conservation et l'accroissement de sa fortune.

CCXCI.

Christophe Colomb, Génois de nation, fut le premier qui, par l'assistance de Ferdinand, roi d'Espagne, découvrit, vers l'an mil quatre cent quatre-vingt-douze,

les Indes occidentales, autrement appelées le nouveau
monde. Arrivé dans l'île de la Jamaïque, il sauva la vie
à toute l'armée espagnole qu'il avait sous sa conduite.
Il manquait de vivres, et ne pouvait en aucune façon
en obtenir des habitants, qui espéraient réduire les chrétiens par la famine, sans être obligés de les combattre.
Il savait, par la connaissance qu'il avait de l'astronomie,
qu'il allait y avoir une éclipse de lune. Il fit dire aux
principaux du pays que, s'ils ne lui fournissaient à lui
et à son armée les vivres nécessaires, ils allaient être
accablés d'une infinité de maux, et que, pour preuve
de cela, la lune leur refuserait dans peu sa lumière.
D'abord les Barbares se moquèrent de ses ordres et de
ses menaces, mais voyant qu'à l'heure marquée la lune
commençait à s'éclipser, et n'en voyant pas la raison,
ils ajoutèrent foi à ses paroles, et fournirent des vivres
en abondance aux chrétiens.

CCXCII.

Dans le temps que les Normands faisaient des courses
continuelles, et ravageaient les campagnes, une horrible
famine désola plusieurs pays. Les historiens qui rapportent cette calamité racontent une aventure qui mérite bien d'être citée comme une preuve de la providence divine : « Un homme et sa femme, errant au milieu des bois avec leur fils âgé de six à sept ans, se trouvèrent si pressés par la faim, que le mari dit à sa femme
qu'il était résolu de tuer et de manger leur enfant, plutôt que de mourir tous les trois. La femme frémit d'horreur à cette proposition; mais elle ne put, malgré
toutes ses prières, détourner son époux d'un dessein
si atroce. Celui-ci prit donc l'enfant, et, s'éloignant de
sa femme, il alla à quelque distance pour l'égorger.

Comme il avait le couteau à la main pour le plonger dans le sein de cet innocent, Dieu, qui fit trouver à Abraham un chevreau embarrassé dans des ronces, pour qu'il l'immolât à la place de son fils Isaac, offrit à la vue de cet homme, dans le buisson le plus voisin, une biche que deux loups dévoraient. Le désespoir le fit courir sur ces deux animaux auxquels il fit lâcher leur proie, et, s'en saisissant d'une main et ramenant son fils de l'autre, il vint retrouver sa femme.»

CCXCIII.

Bélisaire, vainqueur de l'Afrique, de la Perse et de l'Italie, est rappelé de l'armée pour rendre compte de sa conduite. Qui aurait cru qu'après avoir refusé une couronne que lui offraient les Barbares, après avoir fait preuve dans mille occasions d'une si grande fidélité envers son prince, il se verrait accusé de conspiration contre Justinien, et jeté par lui dans un cachot? Des courtisans, jaloux de sa gloire, n'eurent besoin que d'un moment pour l'accabler de cette cruelle disgrâce, et il lui fallut plusieurs mois pour conjurer l'orage, en faisant connaître son innocence; car on sait qu'il parvint, quoique avec beaucoup de peine, à confondre la calomnie. Il n'est donc point vrai, comme on se le figure communément, qu'il ait langui le reste de sa vie dans la tour où il avait été d'abord renfermé; il n'est point vrai non plus que, Justinien lui ayant fait crever les yeux, il ait été réduit à vivre d'aumône. Néanmoins, cette fausse opinion a fourni aux peintres et aux poëtes des sujets intéressants, sur lesquels les uns et les autres ont cherché à faire briller leurs talents.

CCXCIV.

La sagesse est comme la reine de toutes les vertus; c'est elle qui les unit entre elles. Sans la sagesse, les autres vertus perdent tout leur prix : la bravoure devient témérité, la libéralité devient profusion. Un Nestor vaut mieux que dix Ajax; qui pourrait en douter? Le meilleur vaisseau, s'il n'est conduit par un sage pilote, va se briser tôt ou tard contre les écueils. Le champ le plus fertile devient stérile, s'il n'est cultivé par un sage laboureur. Le plus beau discours, s'il n'est sagement ordonné, ne saurait mériter l'attention d'un homme de goût. La sagesse est la source de tous les biens : c'est elle qui réunit autrefois les hommes dispersés dans les forêts, qui leur dicta des lois, et qui leur fit comprendre qu'ils étaient nés pour la société. Ce ne furent ni l'impétueux Achille, ni le brave Diomède, ni le courageux Ajax qui renversèrent la perfide Troie. Le prudent Ulysse, le sage Nestor firent plus par leurs conseils, que les premiers par la force des armes. Vous admirez sans doute ces globes lumineux qui roulent sur vos têtes : c'est la sagesse qui règle leur cours, qui préside à tous leurs mouvements.

CCXCV.

Un homme qui montrait la lanterne magique avait un singe dont les tours attiraient chez lui la foule. Un jour de fête que son maître était au cabaret, ne s'avisa-t-il pas de vouloir à son tour montrer la lanterne? A l'instant il assemble tous les animaux de la ville : chiens, chats, poulets, dindons, tous arrivèrent en foule: « Entrez, messieurs, criait le singe, entrez; je ne prends pas d'argent, je fais tout pour l'honneur. » Chacun se

place, on apporte la lanterne, et on ferme les volets.
Alors Jacquot, saisissant un verre peint, le met dans sa
lanterne, le pousse, l'avance, et s'écrie : « Est-il rien
de pareil, messieurs? voyez le soleil, voyez la lune et
les étoiles, voyez le berceau du monde, voyez l'histoire d'Adam et d'Ève, voyez les animaux accourir à
leur voix, voyez. » Cependant la nuit était profonde.
Tout en ouvrant les yeux, on n'y pouvait rien voir.
« Pour moi, dit un chat, j'entends bien des merveilles
retentir à mes oreilles; mais je ne vois rien. — Et moi,
dit un dindon, j'entrevois quelque chose; mais je ne
distingue rien.» Notre singe continuait toujours de dé-
clamer comme de plus belle : il n'avait oublié qu'un
point, c'était d'éclairer sa lanterne.

<h2 style="text-align:center">CCXCVI.</h2>

Les anciens poëtes nous disent qu'il y a dans l'Océan
des îles où sont transportées, après la mort, les âmes de
ceux qui, pendant leur vie, ont pratiqué la vertu et honoré les dieux. C'est là, qu'au sein de la plus douce félicité, ils habitent ensemble une prairie délicieuse, émaillée de mille fleurs, qui flattent agréablement la vue et
l'odorat. Dans ces lieux enchantés, le ciel est toujours
pur, les arbres toujours couverts de feuillage, le gazon
toujours vert : tout y présente l'aspect le plus riant. On
y sent continuellement la douce haleine des zéphyrs
qui agitent mollement le feuillage des arbres, et charment l'oreille par le murmure le plus agréable. On y
voit voltiger une foule d'oiseaux immortels qui tirent
de leur gosier flexible des sons si mélodieux, que l'on
goûte un plaisir incroyable à les entendre. La prairie
est entrecoupée de petits ruisseaux, dont l'eau, plus
claire que le cristal, venant se briser mollement sur

des cailloux de diverses couleurs, produit le plus doux murmure. La terre elle-même, prodigue de ses trésors, n'attend point de culture, et fournit trois fois dans l'année les fruits les plus abondants et les plus variés.

CCXCVII.

On dirait que la nature avait formé le comte de Saxe pour combattre et pour vaincre. A peine sa main, faible encore, sait-elle manier l'épée, qu'il se livre tout entier à l'étude de l'art militaire. Avec quelle célérité il traverse les fleuves, franchit les montagnes et fait le siége des places! Sa vie n'est qu'une suite non interrompue de victoires. Chaque fois qu'il marche au combat, il est sûr de triompher. En vain des nations belliqueuses conspirent notre perte; sa présence déconcerte leurs projets, et répand partout la terreur et l'effroi. Si quelqu'un pouvait douter encore du mérite guerrier de ce héros, je lui citerais le trait suivant. L'on venait de déposer dans la tombe sa dépouille mortelle, lorsque deux grenadiers, qui avaient servi sous lui, entrent dans le temple; et là, les yeux baignés de larmes, les regards fixés sur la terre, ils s'acheminent, dans un profond silence, vers la tombe de leur général; puis, par un mouvement spontané, ils dégainent leur sabre, et le repassent sur le marbre du sépulcre: ils se persuadaient qu'il s'exhalait de ce corps froid et inanimé je ne sais quelle vertu qu'ils voulaient communiquer à leurs armes.

CCXCVIII.

Agamemnon, ayant fait vœu d'offrir à Diane ce qui serait né de plus beau dans ses États pendant l'année, immola Iphigénie, sa fille, qui était en effet ce qui était né de plus beau cette année-là. Certes il devait ne pas remplir sa promesse, plutôt que de commettre un crime aussi horrible. Il y a donc des occasions où il ne faut pas faire ce que l'on a promis. Il ne faut pas non plus toujours rendre les dépôts qu'on nous a confiés. Si un homme dans un accès de folie vous redemande une épée qu'il vous a confiée pendant qu'il jouissait de sa raison, c'est un devoir pour vous de ne pas la lui rendre. De même, si quelqu'un, après avoir déposé chez vous une somme d'argent, déclare ensuite la guerre à sa patrie, vous ne devez pas, à mon avis, lui rendre ce dépôt: ce serait trahir les intérêts de l'État, que vous devez aimer par-dessus tout.

CCXCIX.

L'éducation a toujours été regardée dans un État comme la chose la plus importante. Charles V, roi de France, crut devoir d'autant plus veiller lui-même à l'éducation du Dauphin, que, ce jeune prince devant un jour gouverner le royaume, il fallait qu'il fût de bonne heure formé à la vertu. Ce fut ce qui détermina le roi à confier l'éducation de son fils à des personnes recommandables par leur érudition et par leur piété. Il porta même sur ce point l'attention jusqu'à faire chasser de sa cour un jeune homme qui avait parlé trop librement en présence de son fils. Charles V était persuadé qu'il faut que les enfants des princes surpassent les autres par la pureté de leurs mœurs, autant qu'ils doivent un jour l'emporter sur eux par la puissance.

CCC.

Philippe, roi de Macédoine, assiégea la ville de Méthone et s'en rendit maître. Ce fut pendant ce siége qu'un homme d'Amphipolis, nommé Aster, vint le trouver:

« Grand roi, lui dit-il, je viens vous offrir mes services ; je ne crains pas de dire à Votre Majesté que je suis un excellent archer, et que je tue presque tous les oiseaux que je vise. — Fort bien, lui répondit le roi, je te conseille de cultiver ce talent : si jamais je fais la guerre aux hirondelles, je me ressouviendrai de toi ; et je ne doute point que tu ne me rendes des services importants. » Notre homme, piqué de cette plaisanterie, se jeta dans la place assiégée, et décocha contre le roi une flèche sur laquelle était écrit : *à l'œil droit de Philippe ;* et et il le lui creva en effet. Philippe, de son côté, renvoya la flèche avec cette inscription : *Philippe fera pendre Aster, s'il prend la ville ;* et il lui tint parole. Depuis cet événement, ce prince ne put souffrir qu'on prononçât devant lui le nom de cyclope. Pour être grand homme, ce n'est pas à dire pour cela qu'on soit exempt de faiblesse.

<h3 style="text-align:center">CCCI.</h3>

Les Romains ne manquèrent jamais de décerner des récompenses à la valeur guerrière. Mais combien ces récompenses étaient simples et nobles à la fois, dans les premiers temps de leur république ! On n'élevait point alors de tombeaux fastueux ; on n'érigeait point des statues de marbre ou d'airain ; on ne prononçait pas de magnifiques éloges en l'honneur de ceux qui s'étaient signalés par quelque action d'éclat, ou qui avaient généreusement versé leur sang pour la patrie. Une modeste couronne de gazon, une branche de chêne, un trophée formé des dépouilles des ennemis, étaient le prix du guerrier qui souvent avait sauvé une armée tout entière. Cet usage, dans l'origine, fut le même chez les Athéniens. Deux branches d'olivier entrelacées furent par eux jugées suffisantes pour acquitter les importants

services de Thrasybule, qui se contenta lui-même de
cette offrande. C'est qu'à Rome, de même qu'à Athènes,
l'on savait que la première et la plus douce récompense
d'une bonne action est dans la pensée de l'avoir faite.

CCCII.

Philippe, après la prise d'Olynthe, fit célébrer des
jeux magnifiques en réjouissance de sa victoire : il avait
rassemblé pour ces jeux les plus habiles acteurs de
toute la Grèce. La fête fut terminée par un magnifique
festin, où il distribua des prix aux comédiens qui en
avaient mérité. Satyrus, un de ceux qui s'étaient le
plus distingués, fut le seul qui ne s'empressa pas de
prendre part à la libéralité du prince : « Pourquoi ne
demandez-vous rien, lui dit le monarque, croyez-vous
que je suis avare, ou mécontent de vous ? » Satyrus
répondit : « Je n'ai pas besoin de ce que les autres demandent; mais, si je ne craignais d'être refusé, je vous
demanderais une grâce qui vous coûterait bien moins
que le reste. » Comme Philippe le pressait de lui dire
quelle était cette grâce, lui promettant de ne rien lui
refuser : « J'avais, répondit Satyrus, un ami nommé
Opolophane, qui, étant mort par les intrigues de ses ennemis, a laissé deux filles, que ses parents avaient en-
voyées à Olynthe, afin qu'elles fussent plus en sûreté.
Par la prise d'Olynthe, elles sont en votre pouvoir : si
j'ai eu le bonheur de vous plaire, je vous demande
pour toute récompense leur liberté. »

CCCIII.

Alexandre n'avait que dix-huit ans lorsque se livra
la bataille de Chéronée. Jamais les Athéniens et les
Thébains, dont les forces étaient réunies contre le roi

de Macédoine, ne montrèrent plus de courage. Ils enfoncèrent même la phalange macédonienne ; mais leurs généraux ne surent pas profiter de cet avantage. Philippe commandait l'aile droite, Alexandre l'aile gauche. L'un et l'autre montrèrent la plus grande bravoure. Mais on dit que Démosthène, le plus grand orateur d'Athènes et de toute la Grèce, ne combattit pas avec le même courage qu'il avait coutume de déployer à la tribune aux harangues, et qu'il prit la fuite un des premiers. Les Athéniens perdirent plus de mille hommes ; mais tous périrent d'une mort glorieuse. Deux mille furent faits prisonniers. Les Thébains, de leur côté, perdirent à peu près autant de monde. Peu de temps après, Philippe envoya Alexandre à Athènes, pour offrir un traité de paix et d'alliance, montrant ainsi que, s'il est glorieux de vaincre, il l'est encore plus d'user modérément de la victoire.

CCCIV.

De toutes les vertus qui rendent un jeune homme recommandable, et qui lui concilient l'estime de tout le monde, il n'en est point de plus convenable à cet âge que la modestie. Elle était en si grand honneur chez les anciens, qu'ils crurent devoir la mettre au nombre des divinités auxquelles ils adressaient leurs vœux. Ce n'est pas sans raison qu'ils pensaient ainsi. En effet, la modestie est cette aimable vertu qui règle le maintien et l'extérieur de l'homme, rehausse l'éclat de la beauté ; qui tempère le son de la voix, pour qu'il ne soit ni trop haut ni trop rude ; qui dirige le regard, pour qu'il ne s'y trouve rien qui annonce l'effronterie et l'impudence ; qui modère le rire, afin qu'il ne soit ni excessif ni insolent Elle contient les mains, afin que

les gestes ne soient ni trop multipliés, ni désagréables;
elle règle la démarche, afin qu'on n'y remarque ni lan-
gueur ni mollesse, mais qu'elle soit ferme et modérée.
Pour tout dire en un mot, la modestie nous forme à
toutes les qualités qui conviennent à l'homme.

CCCV.

Charlemagne était bien digne de donner des lois à la
France, et de rétablir l'empire romain. Quel prince fut
plus grand et plus vertueux? Quel monarque fut plus
digne d'être chéri et respecté de ses sujets? Il fit la
guerre aux Saxons, qu'il vainquit plusieurs fois; à
Didier, roi des Lombards, qu'il dépouilla de ses États;
enfin il fut déclaré empereur d'Occident. Il s'efforçait
d'attirer auprès de lui, par ses largesses, des plus
savants hommes de toutes les parties du monde. Il se
plaignait, un jour, à un savant de sa cour, du peu de
succès de ses recherches. « Plût à Dieu, lui disait-il,
que j'eusse douze hommes aussi savants que Jérôme et
Augustin! — Quoi! prince, répondit le savant, le
créateur du ciel et de la terre n'a eu que deux hommes
de ce mérite, et vous en voudriez douze! »

CCCVI.

Les anciens Espagnols, accoutumés à supporter les
travaux, préféraient la guerre au repos. S'ils n'avaient
pas d'ennemis au dehors, ils en cherchaient dans leur
patrie. On en a vu plusieurs périr dans les tortures, plutôt que de révéler les secrets qu'on leur avait confiés;
tant l'opiniâtreté du silence l'emportait chez eux sur
l'amour de la vie! On vante la constance d'un esclave,
qui, après avoir vengé la mort de son maître dans la
guerre punique, se mit à rire au milieu des tourments,

et, par la sérénité de son visage, triompha de la cruauté
de ses bourreaux. Durant une longue suite de siècles,
les Espagnols n'eurent d'autre grand général que Viria-
the. Celui-ci fatigua les Romains dix ans, et obtint sur
eux divers succès. Telles étaient la vertu et la modération de ce guerrier, qu'après avoir vaincu plusieurs
fois les armées consulaires, il ne changea rien à la simplicité de son armure, de ses vêtements et de sa nourriture. Il se montra toujours tel qu'il était dans sa première campagne, en sorte que le simple soldat paraissait plus riche que le général.

CCCVII.

La colonie de Cécrops tirait son origine de la ville de
Saïs en Égypte. Elle avait quitté les bords fortunés du
Nil pour se soustraire à la loi d'un vainqueur inexora-
ble. Après une longue navigation, elle était parvenue
au rivage de l'Attique, habité de tout temps par un
peuple que les nations farouches de la Grèce avaient
dédaigné d'asservir. Les anciens habitants de cette contrée voyaient renaître tous les ans le fruit sauvage du
chêne, et laissaient à la nature le soin de fournir à leur
subsistance. Cécrops leur offrit une nourriture plus
douce, et leur apprit à la perpétuer. Différentes sortes
de grains furent confiées à la terre : l'olivier fut transporté de l'Égypte dans l'Attique. Tous les règlements
de Cécrops respiraient la sagesse et l'humanité. Il en fit
pour procurer à ses sujets une vie tranquille et du respect après leur mort. Il voulut qu'on déposât leur dépouille mortelle dans le sein de la mère commune des
hommes, et qu'on ensemençât aussitôt la terre, afin
que cette portion de terrain ne fût point enlevée au
cultivateur. Les parents, la tête ornée d'une couronne,

donnaient un repas funèbre; et c'est là que, sans écouter la voix de la flatterie ou de l'amitié, on honorait la mémoire de l'homme vertueux, et on flétrissait celle du méchant.

<h3 style="text-align:center">CCCVIII.</h3>

C'est le sort des grands hommes d'être exposés aux traits de l'envie. Scipion l'Africain, après avoir rendu à sa patrie les plus grands services, fut cité en justice par les tribuns du peuple, pour rendre compte de sa conduite. Il obéit; mais, lorsqu'il fut sur la place publique, sans faire mention des choses dont on l'accusait, il mit sur sa tête la couronne qu'il avait portée le jour de son triomphe. Alors, ayant fait faire silence, il dit : « Romains, à pareil jour j'ai vaincu le fier Annibal, j'ai soumis la superbe Carthage. C'en est assez, allons au Capitole remercier les Dieux immortels des victoires que j'ai remportées.» Aussitôt tout le peuple le suivit; et ses accusateurs demeurèrent confus et étonnés de ce que la gloire et la faveur des citoyens accompagnaient un si grand homme. A considérer la vraie grandeur, ce jour fut plus glorieux pour Scipion que celui où il rentra triomphant dans Rome. Aussi peut-on le regarder comme le dernier jour d'une si belle vie; car, pour se dérober à la malignité de ses ennemis, il se retira à la campagne, où il passa le reste de ses jours sans regretter Rome.

<h3 style="text-align:center">CCCIX.</h3>

Rien ne prouve mieux combien Aristote était sage, que ce qu'on a dit de lui, que la vérité et la raison avaient plus d'empire sur son esprit que l'autorité; et que, bien loin d'avoir égard aux richesses et à la condition, il traitait le pauvre comme le riche. Quelque estime qu'il eût pour Platon, son maître, il ne fut jamais homme à dire qu'il aimait mieux se tromper avec lui, que bien penser avec d'autres philosophes. Quelque probe que fût Aristote, il y eut cependant des gens assez malintentionnés, pour dire qu'il ne parlait mal de Platon, qu'afin d'établir sa réputation aux dépens de ce philosophe. Il est permis de croire que cela est faux, et que ce n'est pas l'envie qui lui a fait critiquer les écrits de son maître.

CCCX.

Charles-Quint et François Ier étaient trop magnanimes pour ne pas s'estimer l'un l'autre. Ils avaient aussi trop d'ambition pour être amis. Ils furent presque toujours en guerre, et combattirent souvent l'un contre l'autre avec un acharnement peu ordinaire. Vous me demanderez peut-être lequel de ces deux princes a le plus de droits à notre admiration ; mais il me paraît plus aisé de les comparer l'un à l'autre, que de décider lequel des deux a l'avantage sur l'autre. Ils avaient chacun leurs vices et leurs vertus. Charles était plus sage dans le conseil, François plus brave dans le combat. L'empereur avait moins de franchise, le roi, moins de prudence. Le premier était fort instruit pour un souverain, et le second, quoique moins versé dans les sciences, honorait cependant davantage les savants, et les récompensait plus généreusement. Autant Charles était économe, autant François répandait l'or avec profusion. Victimes de l'ambition de ces deux princes, la France, l'Allemagne, l'Espagne et l'Italie souffrirent les plus grands maux dont la guerre puisse affliger l'humanité.

CCCXI.

Un coq, un âne et un lion étaient venus dans le même champ : le coq, pour y cueillir quelques grains de froment, l'âne pour y chatouiller son palais avec des chardons, et le lion pour y dévorer quelque proie, s'il s'en trouvait. L'âne étant tout trouvé, il faut bien que le lion s'en contente. Il le destine donc à la mort, et va se jeter sur lui, lorsque le coq fait retentir les airs de ses cris perçants. Le lion aussitôt de fuir, car c'est un privilége que la nature a accordé au coq, de mettre en fuite le lion au seul son de sa voix. Notre baudet, qui voit fuir le lion, l'oreille basse, et la queue serrée entre les jambes, se croit terrible; il s'imagine qu'il n'ose soutenir ses regards. Tel est son aveuglement, qu'il se met à le poursuivre, le traitant de lâche. Mais le lion, qui n'est plus à portée d'entendre le chant du coq, s'arrête, se retourne, et, tout étonné de voir le baudet courir après lui, il revient sur ses pas, fond sur lui, l'étrangle et le dévore. La sottise, lorsqu'elle se joint à l'arrogance, conduit l'homme à sa perte.

CCCXII.

On a dit avec esprit que, si vous supposez un roi qui rêve toutes les nuits qu'il est esclave, et un esclave qui rêve toutes les nuits qu'il est roi, ils se trouveront tous deux, à la fin de leur vie, avoir joui d'un sort parfaitement semblable, s'ils ont vécu et dormi autant de temps l'un que l'autre. En effet, qu'est-ce qui faisait le bonheur d'Alexandre le Grand? Ce n'étaient ni ses victoires, ni les hommages de toute l'Asie. Tout cela est extérieur à l'âme, et ne peut la toucher immédiatement. Mais ce qui enivrait son imagination, c'était la pensée qu'il

avait vaincu, qu'il était grand, que la terre le révérait.
Or, que cette pensée soit vraie ou fausse, qu'importe,
puisque le contentement qu'elle procure est le même?
Ce fou d'Athènes, qui s'imaginait être le maître de tous
les vaisseaux qui entraient dans le Pirée, et qui les allait visiter exactement tous les jours, n'était pas moins
heureux que s'ils lui eussent réellement appartenu. Quel
cas peut-on donc faire de ces biens qui ne contribuent
pas plus à notre félicité, que s'ils étaient purement ima-
ginaires, et qui n'ont aucun avantage au-dessus des
songes?

CCCXIII.

Par quelle fatalité la Grèce, qui peupla le monde de
ses colonies, qui repoussa, contint et subjugua l'Asie,
est-elle replongée dans les ténèbres de la barbarie?
Mycènes n'est plus; sur les ruines de Sicyone est bâti un
village. Corinthe n'offre que des chaumières éparses. A
peine aperçoit-on les traces d'Argos. Thèbes, cette
patrie d'Épaminondas, n'est plus qu'un petit bourg
pauvre et misérable. On cherche Delphes dans Delphes
même. La Macédoine, qui renferma plus de cent villes,
n'est plus aujourd'hui qu'un désert. Sparte, déchue de
sa grandeur, ne présente plus que quelques maisons en
ruine. Athènes, du sein de laquelle étaient sorties ces
armées invincibles qui triomphèrent des Perses, ne présente plus qu'un petit nombre d'habitants. En parcou-
rant les débris de la Grèce, le voyageur étonné demande si c'est là que brillèrent Thémistocle, Alcibiade,
Homère, Sophocle, Phidias et Apelles. Un prêtre ignorant harangue ce peuple, qui eut Démosthène pour orateur. Mais qui pourrait lire dans les secrets de l'avenir?
Peut-être le temps, ce maître souverain des empires,

prépare les événements qui feront renaître Sparte et Athènes de leurs cendres, et qui rendront à ces contrées les beaux jours de Périclès et d'Alexandre.

CCCXIV.

Dans le temps que Timoléon, libérateur de la Sicile, faisait la guerre à Icétas, tyran des Léontins, ce dernier, monstre de lâcheté et de scélératesse, comptant peu sur le succès de ses armes, forma l'affreux projet d'attenter aux jours du plus généreux ennemi. Il envoie secrètement deux assassins, qui, arrivés dans le moment que Timoléon faisait un sacrifice aux Dieux, se glissent dans la foule des assistants, un poignard sous leurs vêtements, et pénétrent jusqu'à l'autel, jusqu'à Timoléon lui-même. Déjà ils étaient à ses côtés, déjà, de l'œil et du geste, ils s'encourageaient mutuellement à frapper leur victime. Tout à coup, un inconnu, fendant la foule, fond subitement par derrière sur l'un des assassins, lui décharge un coup de sabre sur la tête, et l'étend mort à ses pieds. A l'instant, des cris s'élèvent de toutes parts; le meurtrier prend la fuite, et se fraye un chemin avec le fer encore ensanglanté. L'autre assassin, se croyant découvert, et pensant voir suspendu sur sa tête le même fer qui vient de frapper son complice, saisi de frayeur, se réfugie au pied de l'autel, avoue son crime, et demande la vie en poussant des cris lamentables.

CCCXV.

Autant Rome était puissante par les armes, autant la ville d'Athènes était florissante par les beaux-arts. Cette cité jouissait d'une si grande réputation, qu'on y venait de toutes parts pour s'instruire. C'était là que les Romains les plus illustres envoyaient leurs enfants, comme à la source de toutes les sciences. La jeunesse n'était guère estimée à Rome, à moins qu'elle n'eût étudié à Athènes. Les Romains croyaient avec raison qu'il est bien difficile qu'un homme soit véritablement savant, à moins qu'il n'ait joint l'étude des lettres grecques à celle des lettres latines. Telle est l'importance de cette double étude, qu'aujourd'hui même nous ne pensons pas autrement.

CCCXVI.

L'enlèvement des Sabines arme contre les Romains plusieurs peuples d'Italie. Romulus, aussi grand capitaine qu'il était profond politique, remporte successivement plusieurs victoires. Il rentre dans Rome avec de riches dépouilles. C'est là peut-être l'origine du triomphe, récompense glorieuse dont l'espérance fit faire depuis aux généraux romains tant d'actions éclatantes. Il jette les fondements du temple de Jupiter, en reconnaissance de la protection de ce dieu. Les Sabins se remettent en campagne ; leurs filles enlevées se jettent entre les deux armées, et font conclure la paix. Romulus gouverne heureusement pendant cinq ans avec Tatius. Ce dernier, tué à Lavinium, lui laisse bientôt toute la puissance royale.

CCCXVII.

Il y a deux règles que tout honnête homme doit observer en vivant parmi les autres hommes : la première, de ne jamais s'écarter de la vérité ; la seconde, de ne jamais contracter aucune liaison avec des personnes fourbes et dissimulées. Je ne sais s'il y a rien dans la société de plus funeste qu'un esprit double et plein de détours. L'expérience prouve que ces sortes de caractères portent partout le trouble et la dissension, soit parce qu'ils se plaisent à dire du mal des autres, soit parce qu'ils sont naturellement portés à croire celui qu'on leur rapporte. Comme ils cachent toujours ce qu'ils pensent, on ne peut jamais savoir s'ils vous aiment ou s'ils vous haïssent. Plus ils détestent quelqu'un, plus ils l'embrassent avec tendresse. Malheur à ceux qui se laissent prendre à ces piéges dangereux et à ces flatteuses apparences!

CCCXVIII.

C'est une erreur bien funeste de s'imaginer qu'il soit permis, quand on est riche, de commettre toute sorte de fautes, et de se livrer à toutes ses passions. Cependant, combien n'y a-t-il pas de personnes assez insensées pour penser de cette manière! Quoi donc! est-ce que les richesses ôtent au vice quelque chose de sa laideur? Est-ce que, pour posséder plus d'or et plus d'argent que les autres, on est moins obligé de pratiquer la vertu? Ce n'est pas pour entretenir les vices, mais pour servir d'ornement à la vertu, que les richesses nous sont données. Penser autrement, c'est outrager la Providence. Je ne sais s'il y a rien au monde de plus grand et qui approche plus de la Divinité, qu'un homme qui, étant très-riche et en même temps très-vertueux, n'est assujetti ni à la volupté, ni à l'avarice, ni à l'ambition, ni à aucune des autres passions dont les hommes sont esclaves.

CCCXIX.

Lorsque Auguste avait les armes à la main, il craignait les révoltes des soldats, et non pas les conjurations des citoyens. C'est pour cela qu'il ménagea les premiers, et fut si cruel envers les autres. Lorsqu'il fut en paix, il craignit les conjurations; et, ayant toujours devant les yeux le destin de César, pour éviter son sort, il songea à s'éloigner de sa conduite : voilà la clef de toute la politique d'Auguste. Il porta dans le sénat une cuirasse sous sa robe; il refusa le nom de dictateur; et, au lieu que César disait insolemment que la république n'était rien, et que ses paroles étaient des lois, Auguste ne parla que de la dignité du sénat et de son respect pour la république.

CCCXX.

On pourrait regarder Sésostris comme un grand roi, s'il n'avait lui-même terni l'éclat de sa gloire par une ambition démesurée et un orgueil ridicule. Il publia en quelque sorte qu'il était homme. Les rois et les chefs des nations subjuguées, qui venaient rendre hommage à leur vainqueur, et lui payer les tributs qu'il leur avait imposés, étaient assez bien reçus dans ce moment. Mais quand ce monarque allait au temple ou qu'il entrait dans la ville, il faisait atteler à son char ces rois et ces chefs quatre à quatre, croyant rehausser sa grandeur par cet orgueil inhumain. On lisait dans plusieurs pays cette inscription fastueuse, gravée sur des colonnes : Sésostris, roi des rois et seigneur des seigneurs, a conquis ce pays par les armes. Dédaignant de mourir comme les autres hommes, il se tua lui-même.

CCCXXI.

Quelqu'un parle-t-il de ses bienfaits envers les autres, qu'il ne le fasse qu'avec modestie et une sorte de pudeur. Autrement il donnerait à penser qu'il a moins consulté l'intérêt d'autrui que l'intérêt de sa gloire. Qu'il se souvienne que c'est plutôt dans le témoignage de sa conscience que dans les éloges, qu'on trouve le prix d'une bonne action. Laissons venir la gloire, et ne la cherchons pas; et, si par hasard elle ne vient pas, ce qui est digne de gloire n'en perd rien de son prix. Ces hommes qui prônent si haut leurs bonnes actions, semblent moins se vanter pour ce qu'ils ont fait, que l'avoir fait pour se vanter. Ce qui leur eût fait beaucoup d'honneur, rapporté par un autre, perd tout son prix dans la bouche de celui qui en est l'auteur. En effet, quand les hommes ne peuvent détruire une bonne action, ils s'attaquent à la vanité qui la publie. Vos actions sont-elles blâmables? on les condamne comme telles. Sont-elles louables? on vous objecte de ne pas savoir les taire. De là la vérité de cette parole d'un ancien philosophe, répétée chaque jour : « L'auteur d'un bienfait doit se taire; c'est à celui qui l'a reçu de parler. »

CCCXXII.

Dire aux hommes que le temps est beaucoup plus précieux que l'or; qu'il s'envole plus promptement que l'oiseau le plus léger; qu'il s'écoule avec plus de rapidité que le fleuve le plus impétueux; que la perte de la fortune, de la réputation, de la santé, peut se réparer, mais que la perte du temps est irréparable, ce n'est assurément leur apprendre rien de nouveau. Cent fois ils l'ont entendu dire; ils le savent et en sont bien convaincus; tous les jours ils le disent eux mêmes aux autres. Qui ne croirait, d'après cela, que tout le monde, quelques insensés exceptés, fait du temps le meilleur emploi possible? Il s'en faut bien pourtant que cela oit ainsi. En effet, comme l'a dit un ancien philosophe, les uns ne font rien, les autres font du mal, d'autres enfin font tout le contraire de ce qu'ils devraient faire. Cependant ce temps si précieux, si rapide, si irréparable, s'enfuit; et quelques sages, en plus petit nombre qu'on ne pense, sont les seuls qui l'emploient utilement et le mettent à profit.

CCCXXIII.

Jamais un même caractère ne fut plus propre que celui d'Annibal à deux choses très-opposées, l'obéissance et le commandement. Aussi était-il difficile de décider qui l'aimait davantage, du général ou de l'armée. C'était lui qu'Asdrubal préférait pour une entreprise courageuse et difficile : nul autre n'inspirait aux soldats plus de confiance et d'audace. S'exposant aux périls avec la plus grande bravoure, il y montrait le plus grand sang-froid. Nulles peines, nulles fatigues ne pouvaient abattre ou son corps ou son courage; il supportait avec la même patience le froid et la chaleur. Frugal dans ses repas, il cédait à la nature, et n'accordait rien aux plaisirs. Le jour ou la nuit lui étaient indifférents pour la veille ou le sommeil. Le temps que les affaires lui laissaient, il le donnait au repos.

CCCXXIV.

Un écrivain de l'antiquité a eu raison de dire que la vie est une veille, et qu'un homme vit d'autant plus longtemps, qu'il donne plus de temps à l'étude. En effet, le sommeil est une mort : voilà pourquoi on le fait sortir des enfers; voilà pourquoi Homère l'appelle frère du trépas. On ne doit jamais prolonger son sommeil au delà du lever du soleil. Combien n'est-il pas honteux de perdre une partie du jour à dormir! Quand tous les animaux se lèvent avec le soleil, quand quelques-uns même préviennent son lever, et le saluent en ce moment de leurs chants, quelle honte pour l'homme de ronfler encore lorsque cet astre est depuis longtemps sur l'horizon! Toutes les fois que ses rayons dorés éclairent votre chambre, ne semble-t-il pas vous adresser ce reproche : « Insensé! quel plaisir prends-tu à perdre la plus belle partie de ta vie? Je n'éclaire pas pour que tu dormes plongé dans les ténèbres; mais pour que tu veilles et tu te livres à des travaux utiles. »

CCCXXV.

Si l'on se persuadait bien que le temps s'écoule avec rapidité, et qu'il échappe pour ne plus revenir, on l'emploierait beaucoup mieux qu'on ne fait, et l'on ne perdrait pas, à des amusements frivoles, celui qui est donné à chacun pour vivre. Mais la plupart des hommes, quoiqu'ils ne soient pas assurés de vivre un seul jour, occupent sans cesse leur esprit de projets ambitieux, qui les tourmentent et les inquiètent pendant tout le cours de leur vie. La nature entière semble nous avertir qu'il n'y a rien de stable; l'histoire nous apprend que les villes les plus célèbres sont détruites, les empires les plus florissants anéantis, et souvent en très-peu de temps. Au milieu du fracas de ces diverses portions du monde qui s'écroulent, l'homme peut-il se flatter d'une condition plus avantageuse?

CCCXXVI.

Souvent il arrive que plus on raisonne, plus on s'écarte du bon sens. « Plus ce concombre qui rampe à terre est gros, disait un paysan, plus il me paraît déplacé! Plus ce fruit a de volume, plus il me semble conve-

nir à un arbre élevé, à un chêne, par exemple. Plus le
fruit que porte cet arbre est petit, moins, selon moi, il
est digne d'un tel arbre. Plus l'auteur de la nature est
sage, moins pourtant il me semble avoir ici consulté sa
sagesse. » Bientôt notre raisonneur, moins fort apparem-
ment de corps que d'esprit, se sent fatigué et s'endort.
Moins il a estimé sage, il n'y a qu'un instant, l'auteur
de toutes choses, plus il l'admirera dans peu. Pendant
qu'il repose au pied d'un chêne, un gland, certes moins
gros qu'un concombre, lui tombe sur le nez et le
blesse : plus la douleur est vive, plus facilement notre
homme s'éveille. Alors, plus il avait montré de témérité en blâmant la prudence du Créateur, plus il
s'empresse de le bénir et de se condamner lui-même,
ajoutant que plus on étudie la Providence, plus on
reconnaît la sagesse de sa conduite.

CCCXXVII.

Ce n'est pas sans raison que, de tout temps, on a accusé le peuple d'inconstance, et qu'on a comparé son
humeur aux flots d'une mer orageuse, qui vont et re-
viennent incessamment. Une seule nuit a suffi pour
changer les dispositions de la multitude. Combien de
fois n'a-t-elle pas renvoyé absous des hommes mani-
festement convaincus de crimes horribles, et que le
jour précédent elle aurait condamnés au dernier supplice, si l'on avait eu le temps de les juger ! Combien de
fois elle a écarté des honneurs des hommes de mérite,
qu'elle avait elle-même recherchés avec empressement,
et leur a préféré des gens sans nom et sans talent ! Quelquefois un mot proféré au hasard a déterminé les suffrages. C'est en vain que les plus sages citoyens tâchent

de s'opposer au torrent; ils sont contraints eux-mêmes de le suivre.

CCCXXVIII.

Il est difficile à un homme qui ne sait rien, de pouvoir se suffire à lui-même. Quiconque a besoin de secours étrangers pour vivre heureux, ne peut être regardé comme tel. En effet, les secours d'où dépend son bonheur venant à lui manquer très-souvent, il se trouve dès ce moment fort malheureux. Il faut donc avoir autant de soin de son esprit que de son corps, puisque de l'état du premier dépend le bonheur de la vie. Il devient donc nécessaire de l'alimenter continuellement : on peut dire de lui que c'est une lampe qui s'éteint, dès qu'on s'abstient d'y mettre de l'huile. Il y a même cette différence entre l'esprit et le corps, que trop d'exercice et de fatigue abat le second, et qu'un exercice continuel soutient les forces du premier. En effet, plus on cultive son génie, plus il acquiert de vigueur. L'âge lui-même, qui peut tout sur le corps, ne peut rien sur l'esprit, alors surtout qu'il a atteint à une certaine élévation qui le garantit des atteintes de la vieillesse.

CCCXXIX.

Annibal ne cherchait pas le repos loin du bruit, ni sur un lit mollement apprêté; on le voyait fréquemment couvert de son manteau et couché sur la terre, au milieu des soldats et de la garde du camp. Il ne se distinguait point par ses habits, mais par la beauté de ses armes et de ses chevaux. A cheval ou à pied, il devançait de bien loin tous les autres. Toujours le premier au combat, il était toujours le dernier sur le champ de bataille. A de si grandes vertus il joignait les plus grands vices : une cruauté extrême, une perfidie plus que punique ; rien de sacré pour lui, ni la vérité, ni les serments, ni la religion, ni les dieux. Aussi s'étonnait-on de voir tant de mérite se joindre en lui à tant de perversité.

CCCXXX.

Les richesses sont comme la source de deux grands fléaux, je veux dire la flatterie et l'ignorance. Le pauvre sans doute peut compter sur un ami fidèle, puisque celui-ci n'a rien à espérer de lui. En est-il de même du riche ? il doit craindre qu'on n'agisse jamais de bonne foi avec lui ; qu'on pense toujours autrement qu'on ne parle. Souvent même il a lieu de suspecter un dévouement véritable, parce qu'il craint continuellement que l'intérêt d'un ami ne s'adresse plus à sa fortune qu'à sa personne. Aussi la flatterie elle-même engendre-t-elle nécessairement la défiance : un flatteur qui trompe met en garde contre un ami véritable. L'homme riche peut donc difficilement se reposer sur un ami. De même qu'il y aurait, sans la richesse, plus de véritables amis, de même il y aurait encore plus de vrais savants. Celui qui, jeune encore, se repose sur la fortune dont il doit hériter un jour, se sent peu disposé au travail ; il ne montre pas la même ardeur que celui qui met toutes ses espérances dans son travail. Combien il est peu sage ! il devrait ne jamais perdre de vue que la fortune est inconstante, et que tel, qui se trouve aujourd'hui comblé de ses faveurs, essuiera peut-être demain ses disgrâces.

CCCXXXI.

Les deux plus hautes pyramides d'Égypte sont dans le lieu où fut le lac Mœris ; deux autres sont auprès du

Labyrinthes; mais les trois dont la renommée a rempli l'univers entier, sont situées sur un rocher stérile, entre Memphis et le Delta, à quatre milles à peu près du Nil. Devant elles est le Sphynx, que les habitants révèrent comme une divinité. Ce Sphinx est le rocher lui-même, façonné par l'art et taillé en dos d'âne. La tête du monstre a cent deux pieds de circonférence vers le front; le corps a cent quarante-trois pieds de long. La hauteur, depuis le ventre jusqu'au sommet de la tête, est de plus de soixante-dix pieds. La plus grande pyramide occupe huit arpents de terre. Les quatre faces sont égales; chaque côté a sept cent quatre-vingt-trois pieds de hauteur. Dans l'intérieur est un puits, qui a plus de quatre-vingts coudées. La seconde a les quatre angles égaux; la troisième est moins grande que les deux autres; mais elle est plus admirable, étant bâtie de pierres d'Éthiopie. Thalès de Milet découvrit le moyen de déterminer la grandeur de ces pyramides, en rapportant l'ombre à celle du corps.

CCCXXXII.

Je ne pense pas qu'il y ait de vertu plus belle que la générosité; mais j'ajoute qu'il n'en est pas aussi de plus rare. Persuadez-vous bien que la libéralité, qu'il ne faut pas confondre avec celle-ci, est bien plus commune. En effet, il en coûte peu de faire une aumône, qui souvent ne nous prive de rien et nous attire plus d'éloges que nous n'en méritons. Mais c'est autre chose, lorsqu'il s'agit de rendre un service à un homme qui a besoin de notre appui pour réussir : c'est là de la générosité. Les hommes, uniquement occupés de leurs intérêts, ne songent qu'à ce qui peut leur être utile. Soyez sûrs que, si vous ne leur procurez aucun profit, ils vous négligent ; soyez même persuadés qu'ils travaillent souvent contre vous ; dès qu'ils s'aperçoivent que vous pouvez réussir. Sans doute il est pénible de donner aux jeunes gens une idée si fâcheuse de l'homme, mais il est bon de les prémunir contre l'égoïsme, ce fléau de la société.

CCCXXXIII.

Sans doute il est de la prudence d'un bon général, quand il a défait son ennemi, de ne pas le réduire au désespoir. Qui ne sait que la nécessité où l'on se voit contraint, de vaincre ou de mourir, donne du courage et de la résolution au plus lâche. Plus d'une fois le vainqueur s'est repenti de s'être enorgueilli de sa victoire. En voici un exemple que tout le monde connaît. Les Carthaginois vaincus avaient demandé la paix à Régulus, général des Romains. Celui-ci, fier de ses triomphes, leur proposa des conditions si dures, qu'ils virent bien qu'il ne leur restait plus d'autre ressource que dans les armes. Quelle fut l'issue du combat ? Celui qui disait peu auparavant, qu'il fallait vaincre ou savoir obéir au vainqueur, fut fait prisonnier ; il finit par périr d'une mort déplorable. On sait qu'il se rencontre dans nos annales un fait semblable. Le roi Jean, ayant méprisé les conditions offertes par ses ennemis, osa les attaquer dans leur camp ; il paya cher sa témérité : il fut vaincu et emmené captif avec le plus jeune de ses fils.

CCCXXXIV.

Une trop grande indulgence nuit quelquefois plus aux enfants qu'une excessive sévérité. Une mère de famille, trop complaisante, voulait qu'on accordât à son fils tout ce qu'il demandait ; car si on lui refusait quelque chose, il entrait aussitôt dans des fureurs violentes, et jetait des cris mêlés de sanglots : sa mère donnait elle-même l'exemple, dans la crainte qu'il ne tombât malade. Elle se trouvait un jour parmi une nombreuse société, lorsque son fils arrive fondant en larmes, et accusant amèrement les domestiques de lui avoir refusé ce qu'il demandait. La mère, presque aussi furieuse que son fils, fait comparaître le coupable, qui répète en sa présence qu'il ne peut satisfaire l'enfant. Elle lui ordonne aussitôt de sortir de sa maison, promet à son fils de le satisfaire, et le supplie de modérer ses pleurs. « Il pleurera tant qu'il voudra, dit le domestique, déjà sur le seuil de la porte, que je vous défie bien de le satisfaire. Il a vu la lune dans un puits, et il veut que je la lui donne. » Tout le monde se prit à rire, et la mère, honteuse, se corrigea de son excessive indulgence.

CCCXXXV.

Les médecins, de tout temps, ont dit que le séjour de la campagne est plus profitable à la santé, que celui des villes. On y respire un air plus pur ; il semble qu'on y soit plus dégagé de soucis et d'inquiétudes ; un auteur même ajoute qu'on y aime mieux sa femme et ses enfants. Quel charme on goûte à passer au milieu des champs les beaux jours du printemps et de l'automne ! Quels plaisirs on doit trouver à voir prospérer ses fruits et ses moissons ! Il semble, en un mot, que le bonheur ne puisse résider que dans une belle et riante campagne. Combien la vie qu'on y mène est préférable au séjour des villes ! C'est ainsi que pensaient les philosophes de la Grèce et ceux de l'ancienne Rome. C'est ainsi que pensaient nos vertueux ancêtres. Est-ce ainsi que vous pensez vous-mêmes ? C'est vous que j'interroge. Ce n'est pas que j'aie conçu une mauvaise opinion de votre manière de voir; ce n'est pas que je ne sache que votre conduite est irréprochable, mais c'est que je soupçonne que le goût des plaisirs futiles vous attache un peu trop à un séjour qui ne saurait avoir beaucoup de charmes à vos yeux, si vous étiez moins léger.

CCCXXXVI.

On voit des auteurs qui composent de petits ouvrages qu'ils croient propres à instruire les enfants en les amusant. Cependant, dès que les enfants sont habitués à lire ces bagatelles, ils ne peuvent plus lire des ouvrages solides, surtout s'ils sont un peu longs. Leur esprit ne pouvant supporter la moindre contention, ils succombent dès les premières pages. Aussi, le temps des choses sérieuses étant venu, ils ne peuvent s'en occuper. Leurs facultés n'ayant pas été développées, tout exercice leur cause du dégoût. Comment un père, ayant autant de prudence qu'il doit en avoir, ne s'aperçoit-il pas du triste service qu'il rend à son fils en lui mettant entre les mains des recueils de niaiseries? Ayant sans cesse caressé sa paresse, il effémine son âme. La frivolité des enfants ayant été favorisée par une indulgence pernicieuse, quand ils sont devenus grands, leurs devoirs les effraient ou les accablent. Quelle énergie peuvent avoir ceux qui n'ont fait que manier des joujoux dans leur enfance? Jeunes gens, ayez soin de rejeter loin de vous ces fadaises ridicules, propres à former des poupées plutôt que des hommes.

CCCXXXVII.

Il n'est point de tableaux qui charment plus dans les poëtes que ceux du bonheur champêtre. Privés des douceurs de la vie pastorale, nous sommes ravis lorsque nous rencontrons dans un livre l'image au moins d'un bonheur que nous ne pouvons goûter. Après la des—

cription d'un palais, d'une bataille, celle d'un paysage soulage notre esprit et semble le faire respirer. Que les agréments de la campagne sont bien différents de ceux de la ville ! Cet homme court sans cesse après les richesses et les honneurs ; eh bien, il va aux champs chercher de temps en temps un bonheur plus véritable, le bonheur de la paix. Heureux les laboureurs, s'ils connaissaient leur félicité, disait Virgile ! Sans doute le bonheur d'un poëte favori d'Auguste ne lui semblait pas préférable. O champs ! quand pourrai-je vous revoir, répétait Horace, qui, au milieu des agréments d'une cour splendide, ne retrouvait pas non plus ceux de son poétique Tibur ! Et, ce qui revient au même : « Adieu Paris, ville de boue et de fumée, » s'écriait un écrivain célèbre, fuyant le séjour de cette ville comme on fuirait une caverne infecte et inhabitable.

<h3 style="text-align:center">CCCXXXVIII.</h3>

Heureux de la tranquillité dont nous jouissions aujourd'hui, nous écoutions avec plaisir notre ami raconter les fameuses batailles auxquelles il avait assisté, vanter les exploits des soldats français, ne pas oublier les siens, et se glorifier de toutes nos victoires. Mais je sens approcher Cléon, je vois venir cet homme qui ne sait qu'importuner ceux qu'il visite. Non ! il n'en est point qui soient plus à charge que lui. Voyez-le entrer en riant ; il étourdit toutes les oreilles. Écoutez-le fredonner des niaiseries dont il ne saurait rougir, ne se sentant pas désirer. Il a vu tout le monde se taire lorsqu'il est entré ; mais cela peut-il le déconcerter ? Voyez-le déranger tous ses voisins pour se mettre à table. Admirez-le satisfaire son appétit, pendant qu'il enlève tous les plats aux autres. Il conte et plaisante toujours, tout en bien mangeant ; et, pendant qu'il ennuie les autres de son éternel et fastidieux babil, il s'est emparé de toute la table. Sortira-t-il enfin ? Sommes-nous assez heureux pour espérer une prompte délivrance ?

CCCXXXIX.

Je n'ai jamais prétendu que vous dussiez être un savant, mais je voulais que vous fissiez quelques efforts pour acquérir les connaissances nécessaires à tout homme qui ne veut point passer pour un idiot. Je ne pensais pas que vous eussiez si peu apprécié le bienfait de l'instruction. Songez que ces jeunes villageois qui souvent rougissent de leur ignorance, auraient été bien heureux, s'ils avaient pu recevoir cette éducation dont vous semblez ne faire aucun cas. Il peut bien se faire que tels enfants, qu'on voit abandonnés à eux-mêmes dans les campagnes, eussent pu devenir quelquefois de grands hommes, si leur esprit eût été cultivé. Ce paysan, dont les sages conseils dirigent ses voisins, aurait pu être un Cicéron ou un Virgile. S'il se croyait méprisé de vous, il vous dirait : « C'est à moi plutôt à vous mépriser ; je ne serais pas un ignorant comme vous, si j'avais pu recevoir les leçons qu'on vous a sûrement données. Il faut que votre esprit soit bien ingrat, puisque toute cette culture est inutile ; j'ose me flatter que le mien ne l'eût pas été autant. »

CCXL.

J'ai lu quelque part que le précepteur d'un jeune prince imagina un singulier moyen pour l'obliger à s'acquitter de ses devoirs. Le précepteur fit venir un jeune enfant, et prévint son élève que cet enfant serait châtié, lorsque lui, prince, n'étudierait point. Le prince subit beaucoup de punitions sur les doigts du malheureux enfant. Enfin le pauvre patient lui dit : «Je n'aurais pas cru que vous fussiez si peu humain ; vous voyez que votre précepteur me châtie sans cesse, et vous n'êtes nullement touché de mes souffrances. J'avais espéré que vous voudriez bien étudier, quand vous me vîtes fouetté si cruellement une première fois ; mais je m'étais flatté d'une espérance vaine. Si je ne vois aucun terme à mes maux, j'aime mieux mourir. » Le jeune prince promit qu'il apprendrait sa leçon le jour même, et il tint parole. L'auteur ne dit point si l'élève continua dès ce jour à satisfaire son maître : il faut le penser, du moins ; car, pour être paresseux, ce n'est pas à dire pour cela qu'on soit indifférent aux maux des autres, surtout quand nous avons nous-mêmes à nous reprocher ces maux.

CCCXLI.

Un soldat, pris par des sauvages, voulut échapper aux tortures qui devaient précéder sa mort ; il leur parla ainsi : « Vous m'avez vaincu, et ma vie vous appartient : vous pouvez la prendre ; mais chez nous un prisonnier a coutume d'offrir une rançon pour se racheter des mains des ennemis. Écoutez ce que je vous propose : vous m'avez vu échapper à tous vos traits dans le combat, parce que je sais un remède invulnérable. C'est à vous de profiter d'un secret qui importe à votre conservation ; et c'est à moi de l'éprouver devant vous : que le plus vigoureux d'entre vous me frappe d'un sabre bien tranchant, il n'entamera pas même la peau de mon cou. » Saisissant aussitôt une hache, un des sauvages lui tranche la tête, qui roula à ses pieds. Ceux-ci, tout étonnés, restent immobiles. Ils considèrent le corps sanglant de l'étranger, puis tournent leurs regards sur eux-mêmes, comme pour se reprocher leur stupide crédulité. Cependant ils admirent la ruse du prisonnier, et finissent par accorder à sa dépouille les honneurs funèbres de leur pays.

CCCXLII.

L'empereur Auguste conserva jusque dans sa vieillesse un extérieur plein de grâce et d'élégance. Du reste, il faisait si peu de cas de la parure, il avait si peu soin de l'arrangement de ses cheveux, qu'il se confiait pour cette besogne à plusieurs barbiers à la fois, tantôt se faisant couper la barbe, tantôt se la faisant raser, et pendant ce temps-là lisant et écrivant. Il régnait tant de calme et de dignité dans sa figure, soit qu'il parlât, soit qu'il gardât le silence, qu'un des plus grands seigneurs des Gaules avoua à ses compatriotes qu'au passage des Alpes, s'étant approché sous prétexte de l'entretenir, mais en effet dans le dessein de le jeter dans un précipice, il en avait été empêché, s'étant senti désarmé à l'aspect de ce prince. Il avait les yeux clairs et brillants, et voulait même faire croire qu'ils étaient animés de quelque feu divin; et il aimait, quand il regardait, qu'on baissât les yeux, comme devant l'éclat du soleil. Mais, dans sa vieillesse, il vit moins bien de l'œil gauche.

CCCXLIII.

Nous aimons à rappeler les traits de clémence des souverains. L'empereur Adrien ayant été outragé par un citoyen, pendant qu'il était simple particulier, avait oublié cette offense. Lorsqu'il fut monté sur le trône, celui qui l'avait insulté, craignant son ressentiment, n'osait se montrer. Devant paraître devant Adrien, il fut saisi de frayeur : « Accordez-moi ma grâce, s'écria-t-il en le voyant. — Tu l'as, dit Adrien. » Mais vous m'entendrez plus volontiers parler d'un de nos rois, de Louis XII. Ses courtisans l'engageant à se venger d'un seigneur qui l'avait fait autrefois prisonnier, il leur répondit : « Le roi de France ne doit pas venger les injures du duc d'Orléans. » Devant être appelé le Père du peuple, Louis XII faisait tout pour mériter ce nom glorieux. Comme ses sujets étaient accablés d'impôts, il n'eut rien tant à cœur que de les soulager, et se réduisit à une grande économie. Quelques personnes s'étant permis d'en rire : « J'aime mieux, dit-il, voir mes sujets rire de ma parcimonie, que pleurer de mes prodigalités. »

CCCXLIV.

Les Romains n'avaient pas des mœurs aussi douces que les Grecs ; et cependant les sciences et les arts, qui adoucissent les esprits, étaient en honneur chez eux. Quels spectacles plus dignes d'un peuple civilisé, que ces jeux et ces fêtes de la Grèce, où les poëtes et les historiens se disputaient une palme non ensanglantée! Connaissez-vous, au contraire, des spectacles plus inhumains, que les combats de gladiateurs chez les Romains! Vous figurez-vous une foule immense réunie pour voir des hommes s'entr'égorger? Au signal donné, les gladiateurs s'avançaient armés de leurs poignards. L'un des combattants avait-il blessé son adversaire, il s'écriait, *il l'a*. Le blessé jetait son arme, et s'avançait au bord de l'arène pour supplier les spectateurs. Avait-il bien combattu, le peuple le sauvait. Mais s'il avait montré de la faiblesse, il était sacrifié sans pitié. Le combat durait-il plus que de coutume, le peuple témoignait son impatience de voir couler le sang. Et ce peuple traitait de barbares les nations étrangères! était-il moins barbare lui-même?

CCCXLV.

Témoins de la vie que menaient les Sybarites, quelle pitié pouvons-nous avoir de cette mollesse qui finit par causer la perte de ce peuple efféminé? La ville était pleine de musiciens, d'histrions et de cuisiniers. Les citoyens, regorgeant de richesses, ne s'épargnaient aucune des jouissances qu'elles procurent. Ils se nourrissaient des mets les plus recherchés, usaient des parfums les plus exquis, et inventaient tous les jours de nouveaux plaisirs. Mais ces plaisirs mêmes leur causaient de la fatigue, et ils finissaient par s'en acquitter comme d'un devoir. Un Sybarite ne put oublier l'insomnie que lui avait causée une feuille de rose repliée dans son lit. Ces hommes, depuis longtemps abrutis par les voluptés, avaient entièrement perdu de vue le culte des dieux et renoncé à la compassion qui est due aux malheureux; ils n'avaient plus ou presque plus de vertus; ils manquaient surtout de courage. Leurs bras énervés ne pouvaient nullement se servir d'une arme qu'ils n'auraient pu même soulever. Aussi, le premier peuple qui attaqua Sybaris n'eut-il aucune peine à s'emparer de cette ville.

CCCXLVI.

« Vous avez osé, disait un illustre précepteur à un jeune prince, vous avez osé châtier un serviteur coupable d'un oubli qui, d'ailleurs, ne vous regardait pas. Vous n'avez point eu pitié de ce malheureux, qui implorait en vain votre bonté. Et, lorsque vous devriez rougir de votre colère, je vous vois conserver un air fier et menaçant. D'abord, il appartenait à moi, et non à vous, de reprendre ce serviteur. Vous ne devez jamais vous mêler de ce qui ne vous concerne pas. C'est assez que vous vous mêliez de ce qui a rapport à votre service, vous si peu sage, si peu éclairé. Mais je perds auprès de vous mes paroles, comme j'y ai perdu toutes mes peines. Je suis fatigué d'un élève si indocile, et je m'ennuie de votre éducation. Restez seul pour vous gouverner, et nous verrons les fruits de votre sagesse; moi, j'ai honte des soins inutiles que je prends. Mais vous commencez, je le vois, à rougir de votre emportement; votre confusion me l'atteste; venez la cacher dans mes bras : que tout s'oublie, et ne forcez pas à se séparer deux cœurs si bien faits pour s'entendre. »

CCCXLVII.

Archélaüs, roi de Macédoine, ayant entendu parler de Socrate, voulut l'appeler à sa cour à cause de sa sagesse. Socrate refusa constamment de se rendre aux sollicitations de ce prince. « A Dieu ne plaise, dit-il, que j'aille trouver un homme qui peut me donner plus que je ne pourrais lui rendre! » Cette réponse du plus sage des philosophes a été blâmée par un autre philosophe. « Quoi donc, dit-il, Socrate ne pouvait-il pas être utile à Archélaüs? il pouvait lui enseigner le mépris des richesses, lui apprendre en quoi consiste la véritable gloire, diriger sa conduite par de sages avis, le rendre enfin l'ornement et l'admiration de la Grèce. Qu'aurait pu opposer Archélaüs à ces précieux avantages? de l'argent? non sans doute. Car quelle somme serait assez grande pour payer la vertu, le premier de tous les trésors? » Mais Socrate se connaissait, il connaissait la cour d'Archélaüs; il savait qu'il est toujours dangereux de dire la vérité aux grands, et que sa franchise déplairait à la cour, puisqu'on la souffrait à peine dans une république, dans Athènes, sa patrie.

CCCXLVIII.

Un ancien a dit que l'homme le meilleur est celui qui a le moins de défauts. Il avait bien raison. Où trouver, en effet, un homme accompli? Diogène, se promenant avec sa lanterne, eut beau chercher ce phénix, il ne le trouva pas. Cependant, il y eut de son temps des personnages du plus grand mérite, et il vivait dans le siècle le plus éclairé dont puisse s'honorer l'antiquité. Si quelque autre Diogène faisait la même recherche parmi nous, je crois qu'il perdrait son temps comme le premier. Nous sommes actuellement plus polis et plus instruits qu'on ne l'a jamais été; mais je ne crois pas que nous en soyons meilleurs. S'il naissait parmi nous quelque autre Héraclite ou quelque autre Démocrite, tous deux pourraient encore être ce que furent leurs prédécesseurs : l'un pourrait pleurer sans cesse de nos folies, l'autre rire sans cesse de nos sottises. Mais présentement on ne les croirait pas plus sages que ceux qu'ils blâmeraient; car chacun ayant assez de ses misères, pourquoi se ferait-il un supplice continuel de celles des autres?

CCCXLIX.

Jamais peuple ne fut plus jaloux de sa liberté que les Romains. Autant ils avaient souffert de misères pour secouer le joug des rois, autant ils apportèrent de soins pour conserver leur liberté. L'histoire même leur reproche d'avoir été ingrats envers un de leurs concitoyens, lequel avait contribué plus que tout autre à établir cette liberté. Celui-ci était parent des rois qui avaient été chassés. Plus il montra de zèle pour consolider la république, plus les Romains conçurent de soupçons injustes contre lui. Tandis qu'il n'avait rien tant à cœur que d'établir de bonnes lois, avantageuses au peuple, ce même peuple poussa la défiance au point de lui faire un crime de ce qu'il portait le nom de Tarquin. Non-seulement il ne se plaignit pas de l'injustice de ses concitoyens, mais encore il s'exila lui-même, aimant mieux, disait-il, vivre loin de sa patrie, que de la laisser dans l'inquiétude. Ce désintéressement généreux n'était pas rare parmi les Romains; il ne contribua pas peu à leur grandeur.

CCCL.

Taxile régnait dans les Indes sur un pays aussi fertile et non moins étendu que l'Égypte. C'était un prince sage qui, voyant Alexandre porter la guerre dans son pays, et reconnaissant l'impossibilité où il serait lui-même de résister à ce conquérant, sauva son empire par son adresse. Au lieu de venir à la rencontre du vainqueur de l'Asie à la tête d'une armée, il alla le trouver seul. « Prince, lui dit-il, si vous ne venez point ici pour nous priver de l'eau et des autres choses nécessaires à la vie, pourquoi tirer l'épée? Quant aux richesses, si j'en ai plus que vous, je suis prêt à vous en faire part; si vous êtes plus riche que moi, je ne refuserai pas ce que vous voudrez me donner. » Alexandre, étonné de ce discours, lui répondit en l'embrassant : « Croyez-vous donc que notre entrevue se passera sans combattre? Non, je combattrai de générosité, de politesse avec vous. » Il reçut de riches présents de Taxile; il lui en rendit de plus magnifiques encore. Dans un souper, il but à la santé de Taxile en lui disant : « Je bois à votre santé mille talents d'or. » Ce présent lui gagna les cœurs des princes voisins, et sa générosité fit plus que la terreur de ses armes.

CCCLI.

Tous les hommes se plaignent de la Fortune. Supposons même qu'elle nous comblât de ses faveurs, qu'elle quittât pour nous cette légèreté et cette inconstance dont elle se fait un jeu cruel à notre égard, nous la regarderions encore comme une marâtre. Mais, si tout le monde se plaint de sa fortune, il n'y a personne qui se plaigne de son esprit. Ceux qui sont le plus dépourvus de talents croient n'avoir rien à envier de ce côté-là aux autres. Si la Divinité rassemblait les hommes, comme Jupiter, selon la fable, assembla les animaux ; s'il était permis à chacun de déclarer hardiment ce qu'il trouve à redire en lui-même, tous élèveraient la voix, l'un pour demander des richesses, l'autre des honneurs, celui-là de la santé ; mais personne ne demanderait de l'esprit ; jamais le ciel ne fut importuné par des vœux de cette espèce.

CCCLII.

Caligula ne permettait pas qu'on fît périr promptement ceux qu'il avait condamnés, mais à petits coups multipliés, ayant continuellement à la bouche cette maxime si connue : « Frappe de manière à ce qu'il se sente mourir. » Une erreur de nom lui ayant fait punir une autre personne que celle qu'il avait désignée, il dit qu'elle avait aussi mérité son supplice. Il aimait à répéter ce mot d'une tragédie : « Qu'on me haïsse, pourvu qu'on me craigne. » Il se plaisait à accabler d'outrages le sénat tout entier, comme partisan de Séjan et délateur de sa mère et de ses frères, produisant des mémoires qu'il avait feint de brûler, et excusant la cruauté de Tibère, qu'il jugeait nécessaire, attendu qu'il devait croire à tant d'accusateurs. Il s'étudia à abattre l'ordre des chevaliers, comme trop dévoué aux jeux de la scène et du cirque. Irrité contre la foule, qui favorisait ceux qui lui déplaisaient, il s'écria : « Plût aux dieux que le peuple romain n'eût qu'une tête ! »

CCCLIII.

Un chardonneret avait fait son nid, mais un peu haut, sur un tilleul. Maudite engeance, des enfants, légers, malins, furetant partout, font pleuvoir sur lui une grêle de pierres. Cette pieuse mère élevait, hélas ! ses petits, faibles encore, et ignorant l'usage de leurs ailes. Que faire? elle craint pour elle et encore plus pour ses petits ! La tendresse d'une mère la rend ingénieuse. Soudain elle s'élance de son nid; ces objets, sur lesquels elle concentre tout son amour, elle les abandonne pour les sauver. Elle feint de ne pouvoir qu'avec peine mouvoir ses ailes. Aussitôt la foule pétulante de la poursuivre dans sa fuite, se promettant une proie facile. Ils se précipitent tous à l'envi, mais, au moment qu'ils croient déjà la saisir, agile, elle échappe aux bonnets, aux baguettes, et trompe leurs mains avides ; elle continue ainsi à se jouer de nos étourdis, jusqu'à ce qu'elle les a entraînés au loin dans des lieux écartés, et qu'elle les voit rendus de fatigue. Alors, d'un élan rapide, et déployant ses deux ailes, elle fend les airs, disparaît bientôt à leurs yeux ébahis, et porte la joie avec elle dans son nid. Croyez-vous qu'une mère si tendre, si ingénieuse soit privée d'instinct? Si quelqu'un le prétend, qu'il dise par quel ressort secret un si petit oiseau a su montrer tant de perspicacité.

CCCLIV.

Persée fut pour Rome un ennemi plus redoutable qu'elle ne l'avait craint. Il combattit pendant deux ans contre les consuls ; mais les succès furent si variés qu'il obtint souvent la victoire, et entraîna dans son parti une portion de la Grèce. Bien plus, la fidélité des Rhodiens, jusque-là si constante, parut se démentir. Attentifs aux événements, on put croire qu'ils inclinaient pour le monarque. Le roi Eumène se montra indécis dans cette guerre ; il ne répondit ni à la fidélité d'Attale son frère, ni à la sienne propre. Dans un moment si critique, le sénat et le peuple romains élurent pour consul Paul Émile. C'était un homme que recommandait un grand mérite, et qui, préteur et consul, déjà avait obtenu les honneurs du triomphe. Il était fils de ce Paul Émile, qui, après avoir longtemps hésité à engager la bataille de Cannes, sut y mourir en héros. Il vainquit complètement Persée auprès d'une ville de la Macédoine nommée Pydna. Celui-ci, mis en déroute, chassé de son camp, sans armée, sans espérance, fut contraint de sortir de la Macédoine. Octave, qui commandait la flotte, parvint jusqu'à lui, et l'engagea, plutôt qu'il ne le força, à se remettre à la bonne foi des Romains. Ainsi Paul mena en triomphe ce roi puissant et renommé.

CCCLV.

Si jamais les belles-lettres ont été florissantes à Rome, c'est assurément aujourd'hui. Mille exemples célèbres en sont la preuve ; un seul me suffit, le philosophe Euphrate. Jeune encore, je servais en Syrie, lorsque je le connus pour la première fois. Dès lors je travaillai à m'en faire aimer, bien que ce ne pût être un travail; car il est affable, prévenant, plein de cette humanité qu'il enseigne. Plaise aux dieux que j'aie répondu à l'espérance qu'il conçut de moi, comme il a surpassé la mienne par ses hautes vertus! Peut-être, ces vertus, les admiré-je plus aujourd'hui que j'en sens mieux le mérite, quoique, à vrai dire, je ne les apprécie pas encore assez. L'artiste seul peut juger le peintre, le sculpteur, le statuaire: de même le sage seul peut apprécier le sage, autant que j'en puis décider par moi-même. Euphrate a des vertus dont l'éclat frappe les moins clairvoyants. Sa conversation est abondante, variée, pleine de douceur surtout, et d'entraînement : le plus rebelle ne saurait y résister. Son abord inspire le respect, et non la crainte; sa politesse est égale à la pureté de ses mœurs. Indulgent pour l'homme, il fait la guerre aux vices, il ramène ceux qui s'égarent, et ne les insulte pas. Êtes-vous persuadé, vous voudriez qu'il eût encore à vous persuader.

CCCLVI.

Au fond de sa retraite, une ourse venait de mettre heureusement au monde deux petits oursins : c'était un couple charmant. Aussi avec quel orgueil elle contemplait sa belle progéniture! avec quelle tendresse elle léchait ses petits couchés sur un lit de broussailles ! Tantôt sa langue, étrillant leur peau, en polit la rudesse; tantôt, avec sa gueule et ses pattes, elle façonne leurs têtes mal arrondies. Tandis que cette mère partage ainsi entre ses deux rejetons des grâces qu'elle n'a pas elle-même, une guenon l'aperçoit, et, partant d'un éclat de rire : « Quelle folie, s'écria-t-elle! quoi! vous n'avez pas honte de lécher, de choyer, de caresser des petits qui n'ont de remarquable que l'excès de leur laideur? Que serait-ce donc si vous aviez eu le bonheur d'être mère d'aussi jolis êtres que les miens? « et, dans les transports de sa joie maternelle, elle serrait entre ses bras deux petits sapajoux : « Voyez, disait-elle, comme ils sont mignons! comme ce poil est uni, comme ces narines sont bien faites! comme ces oreilles se dressent avec grâce! comme ce minois, qui est le portrait du père et de la mère, réunit tous les genres de beauté! » Elle allait en dire davantage, lorsque l'ourse, se moquant d'elle à sa manière, fait entendre un grondement rauque, mêlé d'un sourd gémissement, pour exprimer la fureur qui l'anime.

CCCLVII.

Cependant, sur un vieil arbre du voisinage logeait un vieux hibou. Au bruit qu'il entend, il accourt; et, pendant qu'il s'efforce de rétablir l'union et la bonne intelligence entre les deux parties, les deux mères le prennent pour juge. Alors, frottant à plusieurs reprises ses paupières qui s'entr'ouvrent avec peine, il prête toute son attention. Après avoir entendu les deux parties, il demande quelque temps pour rédiger sa sentence; il se rend à son nid, et revenant bientôt, il ramène avec lui deux petits hiboux, qu'il avait peignés avec tout le soin d'un père. Alors, perché sur une branche, il prononce cette sentence : « Voyez, dit-il, ces enfants : admirez leur beauté et toutes leurs grâces; et ne vous avisez jamais de vous disputer en présence du hibou sur la beauté de votre progéniture. » A ce jugement inattendu, l'ourse et la guenon se réunissent pour siffler le juge ; et celui-ci les siffle à son tour. Il avait bien jugé, lorsqu'il condamnait les enfants des autres ; il était bien jugé lui-même, lorsque l'on condamnait les siens. Cette fable prouve que chacun estime plus ce qui est à soi, quoique valant moins souvent, que ce qui est aux autres.

CCCLVIII.

Un vétéran, coupable de quelques violences envers ses voisins, plaidait sa cause devant J. César, et était sur le point de la perdre. « Mon général, dit-il, vous souvenez-vous qu'en Espagne vous vous donnâtes une entorse au pied ? — Je m'en souviens, dit César. — Vous souvenez-vous, ajouta le soldat, qu'étant accablé par la chaleur du soleil, vous vouliez vous reposer sous un arbre qui jetait un peu d'ombre ; il y eut un soldat qui étendit par terre sa casaque ? — Pourquoi l'aurais-je oublié, dit César ? Je me rappelle même que, mourant de soif, et ne pouvant, à cause de ma blessure, aller jusqu'à la fontaine voisine, je voulais m'y traîner sur les mains, lorsque ce brave soldat m'apporta de l'eau dans son casque. — Pourriez-vous donc, mon général, reconnaître cet homme ou ce casque ? — Je ne pourrais reconnaître le casque, reprit César, mais pour l'homme je le reconnaîtrais sans peine. Au surplus, ce n'est pas toi, ajouta-t-il avec humeur, sans doute parce qu'il voyait le soldat détourner son attention du procès, pour lui rappeler une vieille histoire. — Il n'est pas étonnant, reprit le soldat, que vous ne me reconnaissiez pas ; car alors je n'avais pas encore reçu de blessures. Mais depuis, j'ai eu un œil crevé à la bataille de Munda ; vous n'auriez pas moins de peine à reconnaître mon casque, si vous le voyiez ; car un Espagnol l'a fendu en deux d'un coup de sabre. » César ne voulut plus entendre parler de l'affaire; il fit donner au soldat le champ dont la limite avait causé la dispute et le procès.

CCCLIX.

On dit que le rat des champs traita un jour dans son petit réduit le rat de ville, son ancien ami. Ce rat des champs avait l'économie du vieux temps, et on ne le voyait guère prodiguer follement ce qu'il avait amassé avec beaucoup de peine. Cependant, lorsqu'il recevait quelque convive, il se relâchait beaucoup de sa frugalité et de l'austérité de ses mœurs. Aussi, pour bien traiter son ami, n'épargna-t-il ni l'avoine ni les pois qu'il gardait dans la partie la plus reculée de son domicile. Il lui servit même des raisins secs et quelques morceaux de lard à demi rongés, s'efforçant de vaincre par la variété des mets le dégoût de son hôte délicat et superbe, qui touchait à peine du bout des dents les différents mets, tandis que le maître du logis et l'ordonnateur du festin, couché sur de la paille fraîche, se contentait de quelques grains de blé et d'avoine, et réservait à son convive les morceaux les plus délicats. Celui-ci, dégoûté d'un repas si frugal : « Pourquoi, dit-il, mener si longtemps une vie malheureuse sur cette triste montagne? Pourquoi ne pas préférer la société des hommes à celle des bêtes, et le séjour de la ville à celui des bois? Crois-moi, je t'en conjure, partons de compagnie. Tous les animaux qui naissent sur cette terre ont reçu une existence mortelle, et les grands comme les petits ne peuvent échapper au trépas. Ainsi, mon ami, puisqu'il en est temps encore, livre-toi au plaisir, et songe toujours que tu n'as que peu d'instants à vivre. »

CCCLX.

Ce discours fit impression sur le rat des champs. Il s'élance gaiement hors de son trou, et tous deux se mettent en route, dans le dessein de s'introduire furtivement pendant la nuit dans la ville. Déjà la nuit était au milieu de sa course, lorsqu'ils entrent dans une riche et vaste maison, où brillaient des lits de l'ivoire le plus pur et d'un travail parfait, et où se trouvaient en réserve les restes d'un grand festin. Le rat de ville place le rat des champs sur un tapis de pourpre; puis il va, vient, s'empresse de tous côtés : un plat succède à un autre plat. Il remplit toutes les fonctions d'un maître d'hôtel; et, pour n'offrir à son hôte que les mets les plus délicats, il les goûte d'avance. Le rat des champs, se voyant à une table si bien servie, ne se sent pas de joie, et se félicite de l'heureux changement qui s'est opéré dans son sort. Mais voilà que tout à coup les portes de la salle s'ouvrent avec fracas; nos deux convives délogent aussitôt, et, saisis d'effroi, courent de tous côtés dans l'appartement. Leur frayeur est au comble quand des chiens font retentir la maison de leurs aboiements réitérés. Ce fut alors que le rat des champs tint ce langage à son ami : « Adieu! ce genre de vie n'a rien qui me charme; j'aime mieux ma forêt et mon trou. J'y mènerai, il est vrai, une vie frugale, en me nourrissant de légumes; mais une parfaite tranquillité, que ne saurait troubler aucun danger, aucune crainte, me dédommagera sans peine. »

CCCLXI.

Les annales de tous les peuples témoignent quelle est la force de l'exemple. A quelle autre cause attribueronsnous la supériorité des grands hommes qui ont surgi dans chaque siècle? Quel autre stimulant leur a fait diriger tous leurs efforts vers l'immortalité, si ce n'est l'émulation, qui naît de l'exemple? Pourquoi Alexandre poursuit-il le projet de soumettre l'Asie entière, projet conçu, il est vrai, mais laissé imparfait, par son père Philippe? C'est qu'il brûlait d'élever sa gloire au-dessus de celle de son père. César apprend par les monuments des lettres les nombreux et brillants exploits d'Alexandre, à un âge qui déjà n'est plus le sien depuis plusieurs années. Frappé d'un tel exemple, il rougit en reportant ses regards sur lui-même. Dans cet instant, à sa pensée s'offre la grande image du héros de Macédoine; il ne se donne point de relâche, qu'il n'ait égalé sa gloire. Telle est la force de l'exemple : la méconnaître, c'est ignorer absolument l'homme. Le simple soldat même s'enflamme de l'ardeur qui se montre sur le front de son frère d'armes, et affronte volontiers des dangers dont il sait que la gloire n'est point son partage, mais celui des chefs.

CCCLXII.

Un soldat du parti de Pompée, pressé vivement dans une bataille par un soldat de Sertorius, le tua, et reconnut en le dépouillant que c'était son propre frère. Après avoir longtemps maudit les dieux, en leur reprochant la victoire impie qu'ils lui avaient accordée, il transporta le cadavre près du camp, l'enveloppa d'un vêtement précieux, et le plaça sur un bûcher. Aussitôt il y met le feu, et, se perçant du même fer dont il avait frappé sa victime, il tombe sur le corps de son frère, et devient la proie des mêmes flammes. Innocent, puisque son crime était involontaire, il pouvait vivre. Mais, ne

consultant que son cœur, et se refusant un pardon que
d'autres lui auraient accordé, il partagea le sort d'un
frère dont il était l'assassin.

CCCLXIII.

Bien qu'Abdolonyme fût issu du sang royal, il ne
laissait pas de cultiver de ses propres mains un jardin
près de Sidon. Le roi de cette ville, Straton, ayant
montré trop d'obstination à se défendre, venait d'être
dépouillé du trône par Alexandre, qui permit à Éphestion de lui choisir lui-même un successeur. Éphestion
offre le sceptre à deux jeunes gens des plus distingués
de la ville, ses hôtes. Mais ceux-ci répondirent, qu'en
vertu d'une loi du pays, ils ne pouvaient accepter cette
haute dignité, qui devait revenir à quelqu'un du sang
royal. Admirant une pareille grandeur d'âme, Éphestion
les prie du moins de lui indiquer quelqu'un. Ils lui
nomment Abdolonyme, et ne rougissent pas de lui
avouer son occupation. Ils vont donc le trouver dans
son jardin. Salué roi par l'un de ces jeunes gens, Abdolonyme leur demande s'ils n'ont pas honte de le railler
ainsi. Ils insistent, le forcent à se nettoyer, le revê-
tent des marques de la dignité royale, et le présentent
à Alexandre. Alors le prince : « Rien en vous ne dément
la majesté royale ; mais je serais curieux de savoir avec
quel courage vous avez enduré la pauvreté. — Plaise à
Dieu, répondit Abdolonyme, que je supporte avec le
même courage ce nouvel état ! N'ayant rien, je n'ai
manqué de rien. »

CCCLXIV.

« O le meilleur des grands-pères ! quel malheur, quel
désastre vient d'arriver à votre petit-fils ! Il est arrivé,

je ne sais par quel événement, que cette chère bourse,
que vous ayiez si généreusement remplie, est absolument
à sec. Moi-même, aussi malade qu'elle, je n'ai d'autres
ressources dans mon malheur que de vous écrire cette
lettre, qui vous donne une légère idée de ma situation
déplorable; car vous êtes le seul à qui je puisse recou-
rir. Dénué de tout, sans espoir, accablé de chagrin,
je vous implore : tendez-moi une main secourable,
rendez-moi la vie, ranimez mon âme abattue. En effet,
que ne doit point espérer le plus tendre des petits-fils
du plus libéral des grands-pères passés, présents et à
venir? Puissiez-vous être toujours tel, et surpasser
par la durée de votre carrière tous ceux que vous sur-
passez en générosité! Recevez cet adieu, le seul bien
que je puisse encore donner.»

CCCLXV.

Un bouffon nommé Mardo s'était rendu à une foire.
Comme l'affluence des étrangers était considérable, on
publia que dans toutes les auberges il n'y aurait qu'un
lit pour deux hôtes. Le sort ayant donné à Mardo un
camarade de lit d'un embonpoint extraordinaire, il
résolut de s'en débarrasser. Aussitôt après le souper,
il tire donc de sa valise une corde, l'examine avec
attention, et paraît, en murmurant je ne sais quoi
entre ses dents, y trouver quelque léger défaut. Ensuite
il tire de la graisse, avec laquelle il enduit cette corde
soigneusement et longtemps. Enfin, après en avoir essayé la solidité de toutes les façons, il n'en est pas encore content. Comme notre homme lui témoigne son
étonnement de ce qu'il passe ainsi la nuit à s'amuser
avec une corde : « Ignorez-vous, lui dit Mardo, quel
échec causerait à ma gloire le moindre défaut de cette

corde, que je dois passer demain au cou d'un voleur aussi puissant que vous; car je verrais tomber, à Dieu ne plaise, avec son corps, mon éclatante réputation d'habile et d'excellent bourreau. » Effrayé d'un tel camarade, notre homme ne voulut pas même toucher au bois du lit. C'est ainsi que le rusé bouffon profita du refus de l'autre, pour reposer fort commodément.

CCCLXVI.

Rien n'est plus digne d'admiration, que la vue d'un homme qui sait souffrir avec un courage ferme et inébranlable les disgrâces de la vie. Si nous admirons celui que la fortune comble de ses faveurs, quelle doit être notre admiration pour celui qui en brave les rigueurs? Un homme généreux éprouve-t-il quelque coup du sort, son courage n'en est pas abattu; il se roidit, et ne perd rien de sa grandeur. Les sages conservent pour lui le même respect que pour les débris augustes de ces temples qu'on honore encore après leur chute. Porus, vaincu et prisonnier, n'est pas moins grand que sur le trône ou à la tête de ses armées. « Comment veux-tu être traité? lui demande le vainqueur de l'Asie. — En roi, » répond Porus. Cette réponse seule égale tous les triomphes d'Alexandre; et elle a plus servi à immortaliser le nom de Porus, que n'aurait fait la victoire la plus complète remportée sur le roi de Macédoine. Tant il est vrai que la grandeur d'âme dans les malheureux nous attache, nous intéresse et nous ravit!

CCCLXVII.

Un berger trouva un jour des louveteaux. Il se disposait à les tuer; mais il en conserva un, pensant qu'il lui serait de quelque utilité, et il l'éleva comme on élève les jeunes chiens. Cet animal se montra d'abord assez docile, et parut quelque temps avoir les inclinations des chiens. Mais, dès que l'âge eut développé ses forces, son naturel l'emporta, et son avidité cruelle s'irrita de plus en plus. Le brigand s'étudiait à réprimer la violence impétueuse de son penchant, par la crainte que lui avait fortement imprimée le berger, et il se maîtrisait habilement. Un jour, cependant, il vit un agneau qui s'était imprudemment séparé du troupeau, et qui gagnait un vallon ombragé. Le berger était absent; persuadé que c'était une occasion aussi sûre que favorable, il le suit par un chemin détourné. Dès qu'ils furent arrivés dans un lieu environné de broussailles et de buissons épais, où l'on pouvait aisément commettre toute sorte de crimes sans être vu, le cruel se jette sur l'agneau sans défiance, le saisit et l'étrangle. Cependant le berger revient, compte son troupeau, et s'aperçoit qu'un agneau lui manque; sur-le-champ, il se met à le chercher; et il aperçoit bientôt le perfide ravisseur, qui, d'une dent cruelle, achevait de déchirer les restes palpitants de l'agneau; il lui décharge sur la tête trois ou quatre coups d'un bâton ferré, et l'étend mort à ses pieds. Cette fable enseigne qu'on peut comprimer quelque temps un caractère féroce; mais qu'on ne peut le changer tout à fait.

CCCLXVIII.

Athéniens, Spartiates, Romains, n'accusez que vous-mêmes de votre terrible chute. Oui, c'est vous qui fûtes la cause de votre perte, vous qui effaçâtes du cœur de vos concitoyens et laissâtes périr les traces de la gloire et de l'immortalité. Vous, Athéniens, qui, par un bonteux ostracisme, jugeâtes vos citoyens d'autant plus coupables, qu'ils étaient plus vertueux et plus hommes de bien. Vous, Spartiates, qui, flétrissant votre ancienne réputation de sagesse par une basse et frauduleuse politique, ne permîtes à qui que ce fût d'aspirer à la gloire, sans lui en faire un crime et sans l'en punir. Vous, Romains, qui, oubliant votre ancienne vertu, avides de nouveautés, presque accablés d'immenses richesses, n'avez pas rougi de changer en sourde ambition votre amour pour la gloire, la gloire en un vil intérêt, les vertus en vices, l'espoir de l'immortalité en une éphémère tyrannie. Vous tous avez mis les armes aux mains des usurpateurs, et vous avez forgé vos propres chaînes. Si l'on n'avait pas étouffé la passion de la gloire, on aurait vu revivre un Aristide, un Cimon, un Thémistocle, à Athènes; un Lycurgue, à Lacédémone; à Rome, des Fabius, des Cincinnatus, des Scipions. C'est de la subversion des maximes d'État, que viennent les révolutions et la mort des empires.

CCCLXIX.

Joseph II, empereur d'Allemagne, ayant dépouillé les attributs de la royauté, se promenait seul dans sa capitale, lorsque se présente à lui une jeune fille de condition, portant sous son bras un paquet et pleurant amèrement. Le prince l'aborde, et, sans se faire connaître, il lui demande ce qu'elle portait, où elle allait, s'il pouvait adoucir sa douleur. Cette jeune fille lui répond d'une voix entrecoupée de sanglots, en lui montrant le paquet qu'elle portait : « Vous voyez, monsieur, les hardes de ma pauvre mère, que nous sommes forcées de vendre pour nous procurer du pain et les autres choses nécessaires à la vie: c'est tout ce qui nous reste. Si nous

.avions encore mon père, qui a servi longtemps avec honneur, et qui tant de fois a versé son sang pour la patrie, ou s'il eût été récompensé de sa valeur, comme on s'y était engagé, mon infortunée mère et moi nous aurions un sort plus doux, et nous ne serions pas réduites à une si grande misère. » L'empereur fut touché de ce triste récit, et dit à la jeune fille : « Que ne vous êtes-vous adressées, votre mère et vous, à l'empereur ? il serait sûrement venu à votre secours. — Nous l'avons fait, monsieur, répondit-elle, mais inutilement. Nous nous sommes adressées à une personne qui, malgré ses sollicitations réitérées, n'a pu rien obtenir. »

CCCLXX.

« Vous êtes sans doute dans l'erreur, reprit le prince : on n'aura certainement fait aucune mention de vous à l'empereur. Dites-moi, je vous prie, le nom de votre père, celui du corps auquel il appartenait, le temps où il était au service ; je ferai toutes les recherches possibles, et, si votre déclaration se trouve vraie, l'on vous paiera ce qui est juste. Je ne veux pas, en attendant, que vous vendiez les hardes de votre mère ; recevez de quoi pourvoir à vos besoins les plus pressants. » Il lui prescrit de venir le trouver le lendemain au château, à tel endroit qu'il lui désigne, et la quitte sans se faire connaître. La jeune fille, essuyant ses larmes, retourne à la maison. Elle raconte à sa mère l'heureuse rencontre qu'elle a faite, et lui dépeint son bienfaiteur. Celle-ci ne tarde pas à reconnaître que c'est avec l'empereur qu'elle s'est entretenue. La jeune fille craint de s'être expliquée avec trop de familiarité, d'avoir manqué à certains égards, et de trouver moins de bienveillance dans le monarque ; mais ses craintes n'étaient pas fondées. Le jour suivant, la jeune fille ne manque pas de se trouver au rendez-vous à l'heure précise. Elle est introduite sur-le-champ auprès de l'empereur, qui, s'étant fait instruire déjà de son affaire, lui délivre un brevet de pension annuelle pour sa mère, réversible, après sa mort, pour moitié sur la fille.

CCCLXXI.

On ne saurait croire combien les poésies d'Homère étaient estimées dans la Grèce. On les regardait comme l'ouvrage le plus parfait qui fût jamais sorti de la main des hommes. C'était le livre des rois, des magistrats, des citoyens, des savants, des ignorants, enfin le livre de tous les âges, de toutes les conditions. Les princes y apprenaient à maintenir entre eux la bonne intelligence, les magistrats à rendre exactement la justice, les citoyens à aimer la république. C'était pour les savants une source inépuisable de connaissances ; les ignorants y trouvaient les instructions les plus salutaires. Les hommes vertueux ne manquaient pas de préceptes propres à les affermir dans la vertu ; ni les méchants de sages maximes, qui, sous le voile de la fable, devaient les retirer des voies du vice. Il indiquait aux jeunes gens le chemin qui mène à la véritable gloire ; il apprenait aux vieillards à aider les jeunes gens de leurs conseils, et à ne point leur montrer un visage trop sévère, plus propre à les repousser qu'à les attirer. En un mot, chaque condition y trouvait ses devoirs exactement tracés, et toutes les vertus y recevaient des éloges.

CCCLXXII.

La Grèce et Athènes n'ont produit tant de grands hommes dans les sciences et dans les arts, que parce

que dès le commencement on les a encouragés par des
honneurs et des récompenses. C'est par là qu'Athènes
devint, en quelque sorte, l'école et la maîtresse de presque tout l'univers. En effet, il n'y avait aucun genre de
mérite qui n'y fût honoré et récompensé. La philosophie, l'éloquence, la poésie, la peinture, la sculpture,
l'architecture, enfin tous les talents de l'esprit, pouvaient
prétendre aux plus grandes distinctions. On érigea des
statues à Solon, à Socrate, et à une infinité d'autres
grands hommes. Platon y fut regardé comme un homme
divin. Homère, le prince de la poésie, y eut des temples; les autres poëtes, des statues; des orateurs furent
mis à la tête du gouvernement, et revêtus des plus hautes
dignités. Enfin, les musiciens, les poëtes dramatiques,
les comédiens même, lorsqu'ils excellaient dans leur
art, y recevaient des couronnes, des distinctions, des
prérogatives, et très-souvent même le droit de bour-
geoisie.

CCCLXXIII.

La Scythie s'étend vers l'Orient : elle est bornée,
dans cette partie, par le Pont; de l'autre, par les
monts Riphées. Elle a derrière elle l'Asie et le fleuve
du Phase. Elle embrasse un espace fort étendu en longueur et en largeur. Les habitants ne cultivent point la
terre, ne séparent point leurs propriétés par des limi-
tes. Ils n'ont ni maisons, ni cabanes, ni demeures
fixes; ils errent avec leurs troupeaux dans des déserts
immenses ; ils emmènent avec eux leurs femmes et
leurs enfants dans des chariots, qu'ils couvrent de cuir
pour se garantir du froid et de la pluie, et qui leur tien-
nent lieu de maisons. Ces peuples pratiquent la justice
par l'impulsion de la nature, et non par la force des

lois. Le vol est chez eux le plus grand des crimes. En effet, n'ayant point d'étables pour enfermer leurs troupeaux et le gros bétail, leur unique richesse, que leur resterait-il, si le vol était permis? L'or et l'argent leur paraissent aussi vils qu'ils sont précieux aux autres hommes. Ils se nourrissent de lait et de miel. L'usage de la laine et des habits leur est inconnu, et ils ne se garantissent du froid continuel qu'ils éprouvent dans leur pays, qu'avec des peaux de bêtes. Cette simplicité de mœurs les a rendus justes et indifférents pour le bien d'autrui ; car le désir des richesses en suppose l'usage. Plût au ciel que le reste des humains eût autant de modération et d'éloignement à convoiter le bien d'autrui !

CCCLXXIV.

Le roi Antigone nous offre un exemple frappant de patience. Deux soldats, veillant à l'entrée de sa tente, parlaient mal de lui : rien n'était échappé au prince, car il n'y avait entre les soldats et lui qu'une simple toile. Il la souleva doucement, et leur dit : « Éloignez-vous un peu, afin que le roi ne vous entende pas. » Une nuit, des soldats faisaient entendre à ses oreilles mille imprécations contre lui, parce qu'il les avait conduits dans un chemin fangeux et impraticable. Il s'approcha de ceux qui avaient le plus de peine, et, lorsqu'il les eut tirés d'embarras, sans qu'ils sussent à qui ils devaient un tel secours : « Maintenant, dit-il, maudissez Antigone, qui vous a fait tomber dans un si mauvais pas ; mais rendez grâce à celui qui vous a arrachés de ce bourbier. » Une autre fois, il assiégeait un château de peu d'importance, défendu par des Grecs. Ces derniers, comptant sur l'avantage de la place, méprisaient les assaillants, et se permettaient des plaisanteries sur la laideur d'Antigone, se moquant tantôt de sa petite taille, tantôt de son nez écrasé : « Tant mieux, j'en augure bien, dit le roi ; tout ira bien, puisque j'ai un Silène dans mon camp. »

CCCLXXV.

La condition de tous les hommes de lettres, et principalement celle des poëtes, a cela de particulier, qu'ils ne regorgent pas ordinairement de biens, mais qu'une abondante moisson de gloire les dédommage amplement de cette détresse. Je dirais qu'on a au delà de toute mesure décerné en Grèce des honneurs à la poésie, si l'on pouvait trop récompenser et honorer le plus noble des travaux. J'y vois de tous côtés des statues élevées publiquement aux meilleurs poëtes, comme aux plus grands généraux. Là, sept villes, des plus célèbres, se disputent l'honneur d'avoir donné naissance à un poëte. Là, une cité en deuil maudit le fléau de la guerre, non parce qu'elle a moissonné la fleur de sa jeunesse, mais parce qu'elle l'a privée du plus illustre poëte, et, au milieu de la douleur publique, elle regrette particulièrement cette perte. En un mot, de quelque côté que je me tourne, je vois les poëtes chers aux rois mêmes. Anacréon fut chéri de Polycrate; Euripide, d'Archélaüs. Je les vois, quelque humble que soit leur origine, dans l'intimité des princes : on dirait que la dignité de leur art rivalise avec la majesté royale.

CCCLXXVI.

On n'a pas rendu justice à Caton dans son siècle. Supérieur à César et à Pompée, il fut ravalé au-dessous d'un Vatinius. Un jour, pour s'être opposé à l'adoption d'une loi, il se vit arracher sa toge en plein forum, et, depuis la tribune aux harangues jusqu'à l'arc Fabien, il fut traîné ignominieusement par une troupe de séditieux, exposé aux outrages et aux insultes d'une multitude forcenée, qui lui crachait même au visage. Mais soyez tranquille pour Caton : ces outrages et ces affronts ne peuvent atteindre le sage. Or, les dieux nous ont donné, dans la personne de Caton un modèle de sagesse, plus accompli que ne l'ont été Hercule et Ulysse dans les siècles passés. Caton, il est vrai, n'a pas poursuivi les monstres, la flamme et le fer à la main : il vivait dans un siècle où l'on ne croyait plus qu'un seul homme portât le ciel sur ses épaules : les anciens préjugés avaient disparu. Mais il eut à combattre contre l'ambition, cette hydre à plusieurs têtes, et contre le désir effréné du pouvoir, que le partage du monde entre trois usurpateurs ne pouvait satisfaire. Il résista seul à la contagion du vice dans une ville dégénérée. Il retarda la chute de la république, aussi longtemps que pouvait le faire un simple particulier, jusqu'à ce qu'il partageât sa ruine, qu'il avait depuis longtemps prédite.

<h2 style="text-align:center">CCCLXXVII.</h2>

Sénèque a laissé une grande leçon de fermeté et de courage, plus encore par sa conduite que par ses préceptes. Un centurion étant venu de la part du tyran lui annoncer qu'il fallait mourir, il ne manifesta aucune crainte; on ne remarqua point de tristesse sur son visage ni dans ses paroles. Loin de là, sans se troubler, il demande des tablettes pour y consigner son testament. Puis, sur le refus du centurion, s'adressant à ses amis : « Puisqu'il ne m'est pas permis, leur dit-il, de reconnaître vos services, je vous lègue le seul, le

plus précieux bien dont je puisse disposer, l'image de
ma vie. » En même temps il essaie, par ses discours,
de calmer leur douleur; il ranime leur courage : « Où
sont, leur dit-il, ces préceptes de sagesse et cette fer-
meié contre les coups du sort? Hé! qui ne connaît pas
la cruauté de Néron? Assassin de sa mère et de son
frère, il ne lui restait plus qu'à le devenir de son précepteur. » Après s'être ainsi entretenu avec ses amis
en général, il embrasse son épouse, la prie, la conjure
de modérer son désespoir, de ne pas s'abandonner à des
regrets éternels, et de chercher une consolation dans
la vie vertueuse de son époux. Il joignit ainsi l'exemple
au précepte, et sa mort ne démentit pas sa vie.

CCCLXXVIII.

« C'est de la maison de campagne même de Scipion
l'Africain, que je vous écris, après avoir rendu hommage aux mânes de ce grand homme sur un autel où je
soupçonne que repose sa dépouille mortelle. Quant à
son âme, je la crois remontée au ciel, d'où elle était
descendue; et je le crois, non parce qu'il a commandé
de nombreuses armées; car Cambyse, l'insensé Cambyse, à qui ses folies réussirent fort bien, en commanda
aussi; mais à cause de sa rare modération et de ses
vertus, plus admirables encore lorsqu'il quitta sa patrie que lorsqu'il la défendait. Il fallait que Rome perdît
Scipion, ou qu'elle perdît sa liberté. « Je ne veux en rien,
disait-il, déroger aux lois de mon pays ni à nos consti-
tutions : l'égalité des droits pour tous les citoyens, voilà
mon vœu. Jouis sans moi, ô ma patrie, jouis des biens
que tu me dois. Je fus l'instrument de ta liberté, j'en serai
aussi la preuve. » Comment ne pas admirer cette grandeur d'âme d'un héros qui se condamnait à un exil vo-

lontaire, prêt à délivrer Rome d'un fardeau qui lui pesait. La crise était si forte, qu'il fallait ou que Scipion fît outrage à la liberté, ou la liberté à Scipion : l'un et l'autre eût été un crime ; il laissa donc plein pouvoir aux lois, et se retira à Literne, petit bourg de la Campanie, pouvant reprocher à Rome son exil, comme il lui avait reproché celui d'Annibal. »

CCCLXXIX.

Une terrible dispute s'éleva entre deux mâtins préposés à la garde d'un troupeau de brebis. Déjà les combattants s'enflammaient de fureur, et ils commençaient à se faire à l'envi de cruelles morsures. Cependant un loup affamé survient, et, se félicitant de l'heureuse occasion, il se jette sur le troupeau, et s'empare de la première brebis que le sort lui offre. Lui saisissant vivement l'oreille avec les dents, il la traîne pendant qu'elle se débat en vain. A chaque instant elle sent, comme un fouet, la queue de son ennemi qui la force d'avancer. L'infortunée ! tout ce qu'elle peut faire, c'est d'implorer du secours par un faible bêlement. Les chiens, encore pleins de fureur, l'entendent ; d'un accord spontané, ils finissent le combat, et sur-le-champ ils volent ensemble aux cris qui leur sont connus. Stupéfait à l'aspect de ces ennemis qu'il n'attendait pas, le loup lâche sa proie, et fuit à toutes jambes. Les deux chiens, acharnés sur ses traces, le pressent, l'atteignent ; et, tandis qu'il ose tenter les hasards d'un combat, ils l'attaquent avec une même impétuosité, et, soutenus l'un par l'autre, ils l'étranglent. Les grands, s'ils sont généreux, oublient leurs haines privées, quand l'intérêt de l'État réclame leur concours.

CCCLXXX.

Une femme qui avait servi deux grives pour le souper de son mari, les appelait des merles. Son mari lui répondit que c'étaient des grives ; elle de dire et de redire que c'étaient des merles. Poussé à bout, le mari lui applique un soufflet. La femme n'en veut pas démordre pour cela : quand elle sert son plat de grives, elle les appelle des merles, et soufflets alors de recommencer. Au bout de la semaine, la femme remet ses merles sur le tapis. Le mari de répéter que c'étaient des grives, et la femme de s'opiniâtrer à les nommer des merles. Voilà le mari obligé de célébrer l'octave par un renfort de soufflets et de coups de poing. Ce ne fut pas tout encore : le jour du nouvel an venu, l'épouse reproche à l'époux les mauvais traitements qu'il lui a fait essuyer, dans l'année qui vient de s'écouler, pour des maudits merles.... « Dis donc des grives .. — Non ! des merles, » riposte-t-elle aussitôt. Le mari, qui n'y tient plus, se met à célébrer une sorte d'anniversaire, en lui administrant une correction d'importance ; encore ne put-il lui faire avouer que c'étaient des grives.

CCCLXXXI.

Une hirondelle, accoutumée à voler autour des maisons, fut conduite par le hasard dans une agréable solitude ; elle y trouva un rossignol, qui, tranquille sous un laurier, savourait les douceurs du repos : « On assure, dit-elle, que vous tirez de votre gosier les sons les plus harmonieux ; cependant il ne m'est pas encore arrivé de rien entendre de votre part ; faisant, moi, retentir ma voix en tous lieux, je régale volontiers tout le monde des douceurs de mon chant. Si c'est avec justice que vous passez pour habile musicien, pourquoi, je vous prie, fuyez-vous les villes et la société des hommes ? craignez-vous qu'on ne vous refuse un éloge mérité ? ou plutôt, reconnaissant vous-même votre peu de talent, appréhendez-vous d'être moqué, en paraissant devant des juges compétents ?» Le rossignol répondit : «Les villes et les hommes ont sans doute des appas; ils pourraient me plaire ; mais je leur préfère les agréments et les délices d'une campagne fortunée : c'est là que je veux vivre et mourir obscur. Vous supposez que je reconnais mon peu d'habileté : vous avez raison. Cependant, je ne me refuserais pas à faire entendre mes chants, si la nécessité m'y obligeait; mais j'ai peu d'ambition, et ne désire aucunement des éloges qui ne sont pas toujours la preuve du mérite. »

CCCLXXXII.

Sous le règne de Sébastien, en Portugal, personne n'avait accès auprès du premier ministre, à moins qu'il ne portât sur son visage l'expression d'une profonde sagesse et d'une gravité peu commune. Pour donner des marques plus sensibles de ces deux qualités, la manie allait si loin, qu'on devait avoir le nez surmonté d'une paire de lunettes, attachées avec un ruban noir autour de la tête. Un officier, employé dans l'artillerie, s'était souvent présenté à la porte de Son Excellence; mais, n'ayant rien que sa figure, et ne portant sur le nez aucun appareil qui le distinguât, il s'était vu plus d'une fois refusé. Las enfin de ces éternels retards, il endosse un habit noir, s'arme d'un grand sérieux, et, le nez surmonté d'une paire de lunettes, il se présente à l'hôtel. A cette figure majestueuse, les portes s'ouvrent; on le conduit en grande cérémonie, à travers une longue file d'appartements, jusqu'au cabinet du ministre. Après avoir profondément salué Son Excellence, il lui apprend le motif de sa visite : «Je suis, dit-il, officier d'artillerie; je n'ai pris ces lunettes que pour trouver le moyen de vous avertir que le corps manque de bêches et de chariots.» La ruse fit sourire le ministre, et le militaire fut reconduit hors des appartements avec le même cérémonial.

CCCLXXXIII.

Vainqueur de l'Asie et maître de tout l'Orient, Cyrus déclara la guerre aux Scythes. Tomyris était alors leur reine. Cette princesse, d'un courage au-dessus de son sexe, ne s'effraya point de l'arrivée des ennemis ; et, quoiqu'elle pût les empêcher de passer l'Araxe, elle leur laissa le passage libre, persuadée qu'elle combattrait avec plus d'avantage au milieu de ses États, et que le fleuve serait un obstacle qui rendrait la fuite de l'ennemi plus difficile. Cyrus fit donc passer l'Araxe à ses troupes, et, s'étant avancé quelque temps dans la Scythie, il assit son camp. Le lendemain, il feignit de prendre l'épouvante, abandonnant son camp, mais y ayant laissé une grande quantité de vin et tout ce qu'il faut pour un festin. A cette nouvelle, la reine envoie, à la poursuite de Cyrus, son fils, très-jeune encore, avec le tiers de ses troupes. Ce jeune prince, sans expérience, arrivé au camp des Perses, oublia l'ennemi ; et, comme s'il fût venu à un festin plutôt qu'à une bataille, il laissa les Barbares se gorger de vin, liqueur qu'ils ne connaissaient pas; et les Scythes furent vaincus par l'ivresse, avant de l'être par les armes.

CCCLXXXIV.

Bajazet, empereur de Turquie, traversait la Grèce avec son armée. Un jour, comme il levait son camp, une pauvre femme tout échevelée, et portant un enfant sur ses bras, accourut à ce prince en demandant justice : «Tu vas faire voir aujourd'hui, lui dit-elle en pleurant, si tu parcours nos provinces pour les ravager, ou pour y rétablir la paix et l'abondance. Venge-moi de la cruauté d'un de tes soldats; il est entré dans ma chaumière, et, n'y trouvant rien qui pût satisfaire son avarice, il a bu le lait de ma chèvre, que je réservais pour ma subsistance et celle de cet enfant. C'était là toute ma richesse. Si tu es le père de tes sujets, mets-les à couvert de l'injustice de ceux que tu amènes pour les défendre.» Le prince fit à l'instant venir le soldat, qui protesta de son innocence. Mais Bajazet, persuadé par l'air d'assurance et de sincérité qui se montrait dans cette pauvre femme : «Je le vais bientôt voir, dit-il; mais malheur à elle, si elle se trouve coupable de calomnie!» En même temps il fait ouvrir le ventre au soldat, et y reconnaît la trace toute récente du vol dont il était accusé. C'était sans doute un supplice cruel, mais en même temps un exemple terrible et nécessaire, pour arrêter l'avidité du soldat, accoutumé au meurtre et au brigandage.

CCCLXXXV.

A la mort d'Alexandre, Macédoniens, étrangers, tout se confond, tout accourt; et, dans l'affliction générale, on ne peut distinguer les vaincus des vainqueurs. Les Perses l'appelaient le plus juste des maîtres, les Macédoniens le meilleur et le plus valeureux des rois : c'était entre eux comme une lutte de douleur. A l'expression du désespoir se joignaient des cris d'indignation : « Faut-il que le ciel jaloux ait enlevé au monde un jeune héros, dans la force de l'âge, au milieu de la plus brillante carrière! » Son ardeur infatigable, le feu qui animait ses regards lorsqu'il conduisait ses troupes au combat, qu'il assiégeait une ville, qu'il escaladait une muraille, ou qu'il récompensait publiquement la valeur, tout venait se retracer à leurs yeux. Alors les Macédoniens se reprochaient de ne pas lui avoir décerné les honneurs divins, et s'accusaient d'impiété et d'ingratitude, de lui avoir refusé un titre mérité, et qui eût été si doux à son oreille. Enfin, après s'être épuisés en témoignages de vénération pour ce prince et de regrets sur sa perte, ils tournaient sur eux-mêmes des regards de compassion. Venus du fond de la Macédoine jusqu'au delà de l'Euphrate, ils s'écrient qu'ils sont sans ressources, environnés de peuples ennemis d'une domination nouvelle. Le trône étant sans héritier, chaque ambitieux allait disposer à son gré des forces de l'État : ils prévoyaient ces guerres civiles qui éclatèrent en effet.

CCCLXXXVI.

Pourquoi cet homme parle-t-il si haut dans les cercles ? Il ne sait rien, et veut tout savoir. Il décide à tort et à travers sur tous les sujets qu'on lui propose. Il semble qu'il n'ouvre la bouche que pour prouver à ceux qui l'entendent qu'il manque tout à fait de bon sens, et cela est vrai. Aussi, ce qui lui donne tant de confiance, ce n'est ni la réflexion ni l'étude, ce sont les richesses. Son éloquence tire tout son lustre de la magnificence de son équipage. C'est l'ouvrier qui a fait son habit ou son carrosse, qui lui donne de l'esprit. Remarquez aussi qu'il hausse le ton encore davantage, quand il entend hennir ses chevaux qui l'attendent à la porte ; et il n'est pas le seul qui pense ainsi. Cet autre, qui recueille soigneusement toutes ses paroles, ne l'applaudit qu'à cause de l'or ou de l'argent qu'il porte sur ses habits : c'est là ce qui détermine son suffrage : il ne s'imagine pas qu'on puisse se tromper avec vingt mille livres de rente.

CCCLXXXVII.

Dans cette fameuse bataille qui décida de l'empire du monde, le rival de César avait été forcé de prendre la fuite. En abordant au rivage d'Égypte, se voyant accueilli par des assassins, il se couvrit le visage d'un pan de sa robe, et, poussant un seul soupir, sans rien faire ni rien dire qui fût indigne de lui, il tomba percé de coups. Philippe, affranchi fidèle, qui l'avait suivi dans sa fuite, n'abandonna pas le corps de son maître. Mais, après que ses meurtriers lui eurent coupé la tête pour l'envoyer à César, comme un présent dont ils espéraient une grande récompense, il lava le corps et l'enveloppa de son manteau. Pendant qu'il était occupé à ce pieux et triste ministère, il survint un Romain, établi en Égypte, et qui avait autrefois servi sous Pompée : «Vous ne serez pas le seul, dit-il à l'affranchi, à jouir de cet honneur ; souffrez qu'un vieux soldat de Pompée partage avec vous la consolation de rendre les derniers devoirs au plus grand des Romains. » Ayant aperçu les débris d'une barque de pêcheur, ils en firent un pauvre et misérable bûcher. Après avoir recueilli les cendres de Pompée, ils les enfermèrent sous un petit amas de terre, qu'ils élevèrent au même endroit. Quelqu'un, dans la suite, en passant, y mit cette inscription : «A peine celui qui mérita des autels a-t-il trouvé une tombe. »

CCCLXXXVIII.

Un vieillard, en mourant, avait laissé à son jeune fils un champ naturellement gras et des plus fertiles, mais si inculte et si négligé, qu'il n'offrait partout que des épines et d'inutiles chardons. Le jeune homme était désolé; il se plaignait sans cesse que son père ne lui avait rien laissé, et déplorait son malheureux sort. En vain ses voisins l'avertissaient que le sol était naturellement fertile. « Cultivez-le soigneusement, disaient-ils; il produira d'excellents fruits : essayez seulement, et mettez la main à l'œuvre. » Le jeune homme restait sourd à tous ces sages avis; il répétait qu'une si grande entreprise était au-dessus de ses forces, et passait les jours entiers à dormir ou dans une honteuse oisiveté. Parmi ses voisins, il s'en trouva un de très-bon conseil, qui, plaignant le sort du jeune homme, sut si bien tromper sa paresse, qu'il lui inspira le goût du travail et de l'activité. Ayant remarqué que c'était la longueur et la difficulté de l'ouvrage qui effrayait le jeune homme et le détournait du travail, il divisa le champ, de manière à ne lui donner qu'une petite portion à cultiver tous les jours. Notre jeune homme s'acquitta volontiers de sa tâche; et, travaillant de bon cœur, il vit en peu de temps son champ, délivré des ronces et des chardons, prêt à recevoir les meilleures semences, pour les rendre ensuite avec usure.

CCCLXXXIX.

Dans la prospérité, lorsque tout réussit au gré de nos désirs, il faut surtout nous mettre en garde contre l'orgueil et l'arrogance. En effet, il y a autant de faiblesse à se laisser enfler par la bonne fortune, qu'à se laisser abattre par la mauvaise. Voyez Philippe : les exploits de son fils éclipsèrent les siens, mais il se montra supérieur à lui par sa douceur et son humanité. Il avait battu complétement à Chéronée les Athéniens et les Thébains, et une victoire aussi éclatante semblait lui donner le droit de s'enorgueillir. Cependant, le jour de son triomphe, ce prince ne rit point à table; il ne fit point célébrer de jeux pendant son repas; il ne prit ni couronnes ni parfums; et, vainqueur, il mit tous ses soins à ne faire sentir à personne sa victoire. Les Athéniens avaient été ses plus grands ennemis; il leur renvoya sans rançon leurs prisonniers, et fit ensevelir tous ceux qui étaient morts dans le combat. Enfin, il fut si loin de se laisser aller à l'orgueil et à l'arrogance, que, de ce moment, il voulut qu'un de ses esclaves l'avertît chaque jour « qu'il était homme. » C'est pourquoi il ne sortait jamais de son palais, et ne recevait jamais personne le matin, avant qu'un esclave lui eût crié trois fois : « Philippe, tu es homme. »

CCCXC.

Un jour, le peuple de Lacédémone délibérait sur ce qu'il y avait de mieux à faire pour la gloire et pour la conservation de la république. Alors se lève pour dire son avis un homme perdu de débauches, mais qui parlait avec la plus grande facilité. Le conseil qu'il donna, et ce qu'il dit qu'il fallait faire, fut généralement approuvé, et le peuple allait convertir sa proposition en décret. Alors un des vieillards qu'on respectait à Lacédémone à cause de leur âge et de leur dignité, se levant : « Quel espoir, dit-il, pouvez-vous avoir de conserver longtemps, sans quelque malheur, cette ville, si nous nous servons de conseillers qui aient vécu comme celui-ci ? Si l'avis est bon, ne souffrons pas qu'il soit déshonoré par un tel homme. » Après avoir ainsi parlé, il jette les yeux sur un citoyen distingué par sa valeur et son équité, et lui ordonne de reproduire, comme il pourra, le même avis. Le conseil du sage vieillard fut exactement suivi. Ainsi, le bon avis subsista, et l'on n'en fit point honneur à l'homme décrié qui en avait été l'auteur.

CCCXCI.

Alexandre le Grand étant mort à la fleur de son âge et au milieu de ses victoires, un morne silence régna dans tout Babylone. Les peuples qu'il avait vaincus ne purent ajouter foi à cette nouvelle. Ils croyaient que ce héros était immortel, comme il avait été invincible. Quand le bruit de sa mort fut confirmé, toutes les nations barbares qu'il avait naguère soumises, cessant de voir en lui un ennemi, le pleurèrent comme un père. La mère de Darius elle-même, qui, après la perte de son fils, s'était vue précipitée du faîte des grandeurs dans les fers, et à qui les bontés du vainqueur avaient fait supporter la vie, ayant appris la mort d'Alexandre, se tua elle-même : non qu'elle préférât un ennemi à son fils, mais parce qu'elle avait trouvé l'amour d'un fils dans celui qu'elle avait craint comme un ennemi. Les Macédoniens, au contraire, se réjouissaient de sa mort comme de celle d'un ennemi, et non d'un compatriote et d'un prince couvert de gloire. Ils le haïssaient, à cause de sa sévérité et des dangers continuels auxquels il les exposait. En outre, les généraux aspiraient à la couronne, et les soldats convoitaient les trésors et les sommes considérables qu'il avait laissés, comme une proie que le hasard leur offrait. Ils songeaient, les uns, à lui succéder sur le trône ; les autres, à hériter de ses immenses richesses.

CCCXCII.

Pour voir la république romaine dans toute sa gloire et sa vigueur, il faut la considérer au temps de la seconde guerre punique. Dans les autres extrémités où elle s'est trouvée, elle a dû son salut à la hardiesse, à la valeur ou à la capacité de quelque citoyen. Peut-être que sans Brutus il n'y aurait pas même eu de république. Si Manlius n'eût défendu le Capitole, si Camille ne fût venu le secourir, les Romains, à peine libres, tombaient sous la servitude des Gaulois. Mais, ici, le génie universel de la nation a conservé la nation entière. Ici, le bon ordre, la fermeté, la conspiration générale au bien public, ont sauvé Rome, quand elle se perdait par les fautes et les imprudences de ses généraux. Après la bataille de Cannes, où tout autre État eût succombé à sa mauvaise fortune, il n'y eut pas un mouvement de faiblesse parmi le peuple, pas une pensée qui ne se dirigeât vers le bien public. Tous les ordres, toutes les conditions s'épuisèrent volontairement. Les Romains s'empressaient d'apporter au trésor public ce qu'ils avaient de plus précieux. L'honneur consistait à retenir le moins, la honte à garder le plus.

CCCXCIII.

De même que dans le corps humain tous les membres ont chacun leurs fonctions, et qu'il n'en est pas un que la nature n'ait destiné à quelque usage, de même dans un État il faut que chaque citoyen remplisse son devoir, et nul n'a le droit de rester oisif. Les devoirs de chaque citoyen ne sont pas les mêmes à la vérité; mais ceux qui méritent le mieux de la patrie, sont les magistrats, qui la gouvernent par leur sagesse et leurs lumières, et les guerriers, qui, les armes à la main, la préservent de toute injure. Les fonctions militaires procurent peut-être plus d'éclat que les fonctions civiles. Cependant, il n'y a point de doute que l'épée ne le cède à la robe, et que la sagesse ne soit préférable à la force. Bien plus, la sagesse est la première de toutes les vertus, puisque elle est la source et la mère de toutes les autres. Mais les citoyens qui au défaut de sagesse joignent le défaut de courage, sont comme autant de frelons dans l'État, qui, bien loin de le servir, lui sont à charge. On peut dire qu'ils sont sur la terre un fardeau inutile.

CCCXCIV.

Un tyran, pour se préserver de toute conjuration, défendit, par une loi, d'avoir avec personne aucun entretien public ou particulier. Mais les citoyens éludèrent la loi du tyran, et se parlèrent entre eux par les yeux, les mains et les gestes. Ils se regardaient tantôt d'un air triste, tantôt d'un air calme et joyeux, et, par le froncement de leurs sourcils, ils peignaient les diverses affections de leur âme. Mais ces signes inquiétèrent le tyran, qui se figurait que l'on ourdissait en silence quelque trame contre lui. Il défendit donc les gestes encore par une loi. Toutefois, un citoyen, qui ne pouvait endurer cette oppression, et qui brûlait du désir de renverser le tyran, vint sur la place publique, et là pleura beaucoup et amèrement. On l'entoure bientôt, et c'est de toutes parts un concert de larmes. On rapporta au tyran qu'on ne se faisait plus de gestes, mais qu'on versait beaucoup de larmes. Le tyran, ne se contentant pas d'enchaîner leurs langues et leurs gestes, et, voulant leur ravir une faculté que la nature a accordée aux yeux, accourt en toute hâte avec ses satellites pour interdire les larmes.

Mais à peine a-t-il paru, qu'on désarme les suppôts du tyran, et qu'on lui donne à lui-même la mort.

CCCXCV.

Dans le temps de la fameuse descente des Athéniens en Sicile, sous la conduite de Nicias, et au moment où ils attendaient avec impatience la nouvelle de leurs succès, un barbier apprit dans le Pyrée que l'armée avait été taillée en pièces. A l'instant, et sans trop examiner quel est l'auteur de cette triste nouvelle, il court la semer dans tous les quartiers de la ville. Le peuple effrayé s'assemble aussitôt comme dans un désastre imprévu ; il veut remonter à la source d'un bruit qui le consterne : le barbier est arrêté, interrogé. Comme il se bornait à dire pour toute réponse qu'il l'avait appris d'un inconnu : « C'est un fourbe ! s'écrie-t-on de toutes parts, il faut qu'il expie son mensonge; » et aussitôt on l'étend sur une croix, où il est enchaîné. Dans ce moment arrivent des soldats qui avaient échappé au combat, et qui confirment la nouvelle du barbier. Alors, chacun de se retirer chez soi, pour se livrer à sa douleur, et déplorer le sort de la patrie. Personne ne songe à détacher le malheureux barbier. On s'en avisa pourtant sur le soir. Dans le temps même qu'on déliait les cordes : « Mon ami, dit-il à celui qui lui rendait ce service, savez-vous, qui plus est, que le général Nicias a été fait prisonnier ? » tant il est vrai que la démangeaison de parler est une maladie incurable !

CCCXCVI.

Il y avait à Londres un boxeur très-robuste et fort amateur de son art. Un jour on vantait en sa présence un paysan d'une force incroyable, et qui ne trouvait point de rival ; il résolut aussitôt de l'aller trouver. Sans perdre de temps, il monte à cheval et part pour aller provoquer le paysan. Il arrive, et trouve notre homme occupé à bêcher son petit champ : « Mon ami, dit-il, on te vante comme un athlète robuste et habile ; et moi aussi, je jouis de quelque célébrité dans les rues et les carrefours de Londres. Je t'avouerai même franchement que je n'ai entrepris ce long voyage qu'afin de mesurer mes forces avec les tiennes. » Le paysan ne dit mot ; mais, posant son hoyau le plus tranquillement du monde, il saisit d'une main vigoureuse notre voyageur par le milieu du corps, et, d'un bras d'Hercule, le lance par-dessus un mur qui était près de là. Cela fait, il reprend son hoyau, et se remet à l'ouvrage. Cependant le champion, tout brisé et moulu de sa chute, était aussi malade d'esprit que de corps. Hélas ! ces lauriers décernés par un peuple entier, un rustre les avait flétris ! Ces forces, tant de fois triomphantes, étaient venues échouer contre un bras inconnu ! Cependant, remis peu à peu de sa douleur, il se dispose à partir. Mais son cheval se trouve de l'autre côté du mur : « Holà ! l'homme qui as si bien su me jeter ici, de grâce, jette mon cheval de la même manière. »

CCCXCVII.

Sans entrer dans le détail de la cruauté de Tibère, il suffira d'en donner un aperçu général. Il ne se passa pas un seul jour, sans en excepter les jours de fêtes, ni même le premier jour de l'an, qui ne fût marqué par quelques supplices. Il enveloppait dans la même condamnation les femmes et les enfants. Il était défendu à leurs proches de les pleurer. Des récompenses étaient décernées aux accusateurs, quelquefois même aux témoins. Tout crime était capital, même de simples paroles. Un poëte fut accusé, pour avoir, dans une tragédie, fait injurier Agamemnon ; et un historien, pour avoir appelé Brutus et Cassius les derniers Romains. Parmi les détenus, il y en eut à qui l'on refusait non-seulement des livres, mais encore tout commerce et toute conversation. Plusieurs prisonniers, appelés en justice, et sûrs d'être condamnés, se firent eux-mêmes des blessures mortelles ; d'autres avalèrent du poison au milieu du sénat. On forçait de vivre ceux qui voulaient mourir ; car Tibère regardait la mort comme un supplice si léger, qu'ayant appris qu'un accusé, nommé Carvilius, se l'était donné à lui-même, il s'écria : « Carvilius m'a échappé. « Faisant un jour la revue des prisonniers, comme un d'entre eux le conjurait de hâter son supplice, il lui répondit : « Nous ne sommes pas encore assez bons amis. »

CCCXCVIII.

Délibérer si l'on fera une action honnête, ou si, connaissant que tel acte est un crime, on l'exécutera, cette irrésolution seule devient criminelle, quand bien même on ne se déterminerait pas à faire le mal. En effet, nous devons être persuadés que, quand même nous pourrions nous soustraire aux regards des dieux et des hommes, nous ne devons cependant jamais nous permettre aucune injustice. Il ne sera pas hors de propos de citer un exemple à ce sujet. La terre s'étant entr'ouverte après de grandes pluies, Gygès descendit dans le gouffre. Il aperçut un cheval, aux flancs duquel était une porte ; il l'ouvre, et voit un cadavre d'une grandeur prodigieuse, qui avait à son doigt un anneau d'or ; il l'arrache et le met au sien. Gygès était berger du roi ; il revint donc

avec les siens. Lorsqu'il tournait en dedans le chaton
(c'était une vertu de cet anneau), il voyait et n'était vu
de personne ; et lorsqu'il le retournait en dehors, on le
voyait comme auparavant. Profitant donc de cette facilité, et de concert avec la reine, il tua le roi son maître, se défit de ceux qu'il soupçonnait contraires à ses
desseins, et tout cela sans que personne pût rien voir ;
de sorte qu'en peu de temps, grâce à son anneau, il
parvint à la couronne de Lydie. Si le sage eût possédé
ce même anneau, il ne se fût pas cru, pour cela, au-
torisé à faire le mal. Son objet est la vertu, et non l'impunité.

CCCXCIX.

Xerxès, roi des Perses, étant un jour sur une haute
montagne, d'où il examinait son armée composée d'un
million de soldats, se sentit tout d'un coup attendri
jusqu'aux larmes. Ceux qui l'entouraient furent surpris de le voir ainsi affligé. Un de ses favoris osa lui en
demander la raison : « Grand prince, lui dit-il, quel
peut être le sujet de votre douleur ? Vous êtes le maître
le plus puissant de l'univers. Vous possédez d'immenses
richesses. Vos peuples vous aiment, vos ennemis vous
craignent. Vous avez la plus belle et la plus courageuse
armée que jamais prince ait mise sur pied. Que peut-il
manquer à votre bonheur ? — Il n'y manque que la durée, répondit Xerxès ; et je suis affligé, quand je pense
que de tant de milliers d'hommes, il n'y en aura pas un
seul dans cent ans. Un autre prince occupera mon trône,
et d'autres soldats lui obéiront. Je ne serai plus connu
que par l'histoire et les monuments, si mon nom toutefois peut échapper aux injures des temps. » C'est là une
pensée bien salutaire dans la grandeur et la prospérité :

rien n'est plus capable d'inspirer du mépris pour les biens périssables de la terre.

CCCC.

Un célèbre orateur d'Athènes haranguait un jour le peuple sur un sujet fort important. Au milieu de son discours, il s'aperçut que ses auditeurs étaient distraits et pensaient à toute autre chose. Changeant aussitôt de matière : «Cérès, leur dit-il, voyageait avec l'anguille et l'hirondelle. Un fleuve se trouva sur leur passage: l'hirondelle le passe en volant; l'anguille le traverse à la nage.» A ces mots l'orateur se tut. « Et Cérès, s'écria-t-on, que fit-elle ? — Cérès, reprit l'orateur, fut fort offensée de voir son peuple favori sourd à ses intérêts, et attentif à des contes de vieille femme.» La plupart des hommes ressemblent au peuple d'Athènes. Un conte leur fait ouvrir les oreilles, plutôt que les choses les plus sérieuses. Notre orateur, qui connaissait la faiblesse humaine, ne s'amusa pas à chercher des raisons fortes pour rappeler l'attention de ses auditeurs ; mais par un tour ingénieux il les ramena au sentiment de leur intérêt et de leur devoir. Une autre fois, voyant qu'on ne l'écoutait pas avec toute l'attention qui lui était due, il changea pareillement de sujet, et se mit à raconter la jolie fable de l'âne et de son ombre. Le peuple, s'arrachant alors à son engourdissement, s'empressa de l'écouter avec une attention toute nouvelle.

CCCCI.

Qu'est-ce que la liberté ? la définirez-vous le pouvoir de vivre à son gré ? non sans doute; car, vouloir même ce que désavoue l'honneur, est le comble de la misère. Or, puisque la servitude est la soumission d'une âme abattue, abjecte, manquant de volonté, qui pourrait nier que tous les gens avides, tous les méchants, sont esclaves ? On ne doit nullement considérer comme libre, l'homme asservi au joug de ses passions, ou qui se laisse séduire par l'attrait et le charme de la volupté. Mais celui-là est libre, qui suit le chemin de l'honneur ; qui, à tout âge et dans toutes les conditions de la vie, s'attache à l'accomplissement de ses devoirs ; qui n'obéit pas par crainte aux lois, mais qui les suit et s'y conforme, parce qu'il est d'avis qu'il est essentiellement utile et honnête de le faire.

CCCCII.

Nicéphore était un prince décrié pour sa perfidie, son improbité et son insatiable avarice. Après avoir eu recours à mille artifices pour s'emparer des biens de ses sujets, chaque jour il tentait de nouveaux moyens pour entasser de l'argent. Il dépouillait tous ceux qui, d'une humble condition, s'étaient élevés à une grande fortune, les accusant d'avoir trouvé un trésor. Pendant qu'il ruinait ainsi ses sujets, les Sarrasins ravageaient le reste de l'Asie, et les Bulgares la Thrace. Ayant acheté la paix des Sarrasins, il conduisit ses troupes contre les Bulgares, les battit, et pilla leur camp. Mais une sécurité aveugle lui fit perdre le fruit de sa victoire. Trop fier de ce succès, il ne voulut entendre parler d'aucun accommodement. Alors le général des Bulgares, n'écoutant que son désespoir, attaqua de nuit le camp de ses ennemis, y fit un grand carnage, et massacra l'empereur lui-même. Telle fut la fin de Nicéphore. Sa tête fut portée au bout d'une pique, et servit longtemps de spectacle et de jouet aux Barbares. Grande et mémorable leçon pour celui que la victoire rend insolent !

CCCCIII.

L'intérieur de la Bretagne est habité par des peuples que la tradition représente comme indigènes. L'île est extrêmement peuplée; les maisons y sont très-nombreuses et presque semblables à celles des Gaulois; le bétail y est abondant. Pour monnaie, on se sert de cuivre ou d'anneaux de fer d'un poids déterminé. L'intérieur du pays produit des mines d'étain; sur les côtes sont des mines de fer, mais en petite quantité; le cuivre qu'ils emploient leur vient du dehors. Les Bretons se font scrupule de manger du lièvre, de la poule ou de l'oie; ils en élèvent cependant par goût et comme objets d'amusement. Le climat est plus tempéré que celui de la Gaule; les froids y sont moins rigoureux. Les plus civilisés de ces peuples sont, sans contredit, ceux qui habitent le pays de Kent, contrée toute maritime, et dont les mœurs diffèrent peu de celles des Gaulois. Les peuples qui occupent l'intérieur de l'île, n'ont aucune culture; ils vivent de chair, de lait, et se couvrent de peaux. Tous les Bretons se peignent le corps avec du pastel, ce qui leur donne une couleur azurée, et rend leur aspect horrible dans les combats. Ils laissent croître leurs cheveux, et se rasent tout le corps, excepté la tête et la lèvre supérieure.

CCCCIV.

Un voleur, à Athènes, étant entré de nuit dans le temple d'Esculape, enleva tout ce qui se trouva d'or et d'argent sous sa main, et se sauva sans être vu de personne, du moins à ce qu'il croyait. En vain le chien, gardien du temple, gronda, grinça des dents, aboya après le voleur qui fuyait; s'apercevant qu'il n'avait été entendu d'aucun surveillant, il se mit à le poursuivre. Le voleur lui jette du pain pour l'amorcer, le chien le refuse. Se couche-t-il, le chien fait sentinelle auprès de lui; se lève-t-il, il en fait autant, et ne s'écarte point de ses traces. Passe-t-il un voyageur, il le flatte avec sa queue, aboyant après le fuyard comme pour l'accuser, et continue à le poursuivre. Instruits de ces détails, des soldats, envoyés sur les traces du voleur et soupçonnant où il était, redoublent le pas, saisissent et ramènent le sacrilége. Notre chien, naguère délateur, marche maintenant en tête du cortége avec un air fier et triomphant, détournant de temps en temps les yeux sur le prisonnier, comme pour se faire honneur de sa capture. On reconnut son service; les prêtres eurent ordre de le nourrir aux dépens de l'État, et de prendre le plus grand soin de ce pieux citoyen.

CCCCV.

Le lynx, à l'œil perçant, dit à la taupe aveugle : « Comment peux-tu aimer la vie, lorsque tu sais que malheureusement la lumière, à laquelle toute la nature attache tant de prix, ne peut te servir? Peut-on donner le nom de vie à cet état privé d'un si grand avantage? Peut-être comprends-tu bien ton malheur; et c'est pour cela, qu'ensevelie dans le sein de la terre, tu te dérobes aux regards des hommes. Mais pour te dérober aux autres, tu ne peux nullement m'échapper, à moi, qui, d'un œil perçant, pénètre dans les entrailles de la terre. » La taupe lui répondit : « Je vous félicite, de tout mon cœur, de ce que les dieux, dans leur bonté, vous ont donné une vue si perçante. Mais, pour être ainsi aveugle, ce que vous regardez comme le plus grand des malheurs, je ne dois pas vous paraître si méprisable. En revanche, j'ai reçu des dieux une finesse d'ouïe excessive; et maintenant, oui maintenant, j'entends un bruit qui vous menace peut-être de quelque accident fâcheux. » C'était celui d'un arc, qu'un chasseur à l'affût avait bandé dans le dessein de lui donner la mort. Le trait vole, et va frapper le cœur du lynx : ces yeux, qui triomphaient de l'obscurité la plus épaisse, deviennent le siége d'une éternelle nuit.

CCCCVI.

Le songe suivant va nous prouver avec quelle vérité l'image de l'avenir a été quelquefois dévoilée dans le calme du sommeil. Deux Arcadiens, amis intimes, voyageant ensemble, arrivèrent à Mégare, et allèrent loger l'un chez son hôte, l'autre dans une auberge. Le premier vit en songe son ami, qui le suppliait de venir le défendre contre la perfidie de l'aubergiste, l'assurant qu'avec un prompt secours il pourrait l'arracher à un péril imminent. Il s'éveille subitement, s'élance du lit, et prend le chemin de l'auberge où était logé son ami. Mais ensuite, par une funeste fatalité, il condamne comme inutile une résolution si généreuse; il regagne son lit, et se rendort. Bientôt son ami lui apparaît cruellement déchiré, et le conjure, puisqu'il a négligé de lui sauver la vie, de ne pas refuser au moins de venger sa mort; ajoutant qu'au moment même où il parlait, son assassin portait son cadavre mutilé hors de la ville, dans un chariot couvert de fumier. Cédant à des prières aussi persévérantes, il court aussitôt à la porte de la ville, arrête le chariot qui lui avait été désigné en songe, et fait punir le perfide aubergiste du dernier supplice.

CCCCVII.

Chez les Germains, les femmes étaient appelées à partager, dans les combats, les dangers de leurs maris et tous les hasards de la guerre. On peut assurer qu'elles remplissaient fidèlement leur devoir à cet égard. A la bataille d'Aix, en Provence, où Marius défit les Teutons, les femmes germaines, poussant de grands cris, frappaient à grands coups de hache sur les vainqueurs et sur les fuyards. Elles arrachaient aux Romains leurs boucliers, et saisissaient leurs épées nues : dans la mêlée, elles encourageaient les combattants, retenaient les lâches qui voulaient fuir, montraient à leurs maris leurs enfants, pour réveiller en eux la voix de l'honneur et la crainte de la servitude; et, plus d'une fois, on les vit rétablir le combat par leur intrépidité, et fixer la victoire au moment où tout paraissait désespéré.

CCCCVIII.

L'histoire nous apprend que Crésus, roi de Lydie, si renommé pour ses richesses, envoya à Delphes consulter l'oracle d'Apollon, et lui soumettre non une question vaine et frivole, mais la chose la plus importante et la plus digne des réflexions de tous les hommes, savoir : comment il pourrait parvenir au bonheur, et passer agréablement le reste de ses jours. L'oracle lui fit cette belle réponse : « Que le vrai moyen d'être heureux n'était pas d'amasser des trésors immenses, d'avoir toujours sur pied de grandes armées, de reculer les bornes de son empire, mais de se connaître soi-même. » Quoique l'autorité d'Apollon ne doive être d'aucun poids pour nous, qui sommes instruits de la vraie religion, nous devons cependant aimer et estimer ces sortes d'oracles, qui renferment quelques principes propres à régler notre conduite : car il est certain que ces oracles ne sont autre chose que des maximes remarquables des hommes les plus sages; et on les attribuait à Apollon, parce qu'ils paraissaient inspirés de la Divinité.

CCCCIX.

En nous donnant la vie, la nature nous a fait un présent fragile et périssable. Sa durée, si on la compare avec l'éternité, est si courte, même pour ceux à qui il est donné d'en jouir le plus longtemps ! En effet, si l'on compte le temps qui est consacré au repos de la nuit, l'homme ne vit réellement que la moitié de sa vie. L'autre moitié est l'image de la mort, ou bien un supplice, si l'on ne goûte les douceurs du repos. Et l'on ne compte ni les années de l'enfance, où l'homme est privé de jugement; ni celles de la vieillesse, qui ne se prolonge que pour souffrir; tant de dangers de toute espèce; tant de maladies, de craintes, de soucis, qui nous font invoquer la mort si souvent, que c'est le plus fréquent de nos vœux. Mais la brièveté de la vie est le plus grand bien que nous ait accordé la nature. Dans la vieillesse, les sens s'émoussent, les membres s'engourdissent, la vue s'affaiblit, l'ouïe se perd, la marche se ralentit, les dents même et les ressorts qui servent à broyer les aliments, tout meurt d'avance : et cependant tout ce temps est compté pour la durée de la vie.

CCCCX.

Illustre par toute sorte de vertus, Germanicus était l'amour et faisait les délices du peuple romain. Indépendamment de la noblesse de ses traits et de la beauté de sa personne, on vantait surtout sa constance, son

affabilité et son égalité d'âme, soit dans la prospérité qui
ne l'enfla jamais, soit dans l'adversité qui ne put jamais
l'abattre. On le comparait à Alexandre. Il y avait même
cette différence entre Alexandre et Germanicus, que le
vainqueur des Germains, égal en courage au vainqueur
des Perses, dont il n'avait pas la témérité, le surpassait
par sa clémence, sa tempérance et beaucoup d'autres
vertus. Ce furent ces belles qualités qui excitèrent
contre lui la haine de Tibère, l'ennemi juré de toutes
les vertus; et il employa les moyens les plus odieux
pour perdre Germanicus. Ce héros, au lit de mort, tint
ce discours à ses amis qui l'environnaient : « Le premier
devoir de l'amitié n'est pas de verser d'impuissantes
larmes sur la tombe d'un ami, mais de se rappeler,
mais d'exécuter ses dernières volontés. Ceux même
qui ne connaissaient pas Germanicus, donneront des
larmes à sa mémoire; vous le vengerez, vous, si vous
teniez plus à sa personne qu'à sa fortune. »

CCCCXI.

Valérius Publicola, collègue de Brutus dans le consulat, habitait une maison superbe, située sur le sommet du mont Palatin, dominant sur la place publique, et
d'où l'on pouvait voir tout ce qui s'y passait. L'avenue en
était si difficile, qu'on avait de la peine à en approcher:
et quand Publicola descendait au Forum, avec la pompe
qui environnait les consuls, on l'eût pris pour un roi. On
avait beau dire que Publicola était l'ami du peuple, les
citoyens, qui ne faisaient que commencer à jouir de
leur liberté, prenaient ombrage des moindres choses.
Apprenant le mécontentement du peuple, Valérius n'eut
pas de peine à le satisfaire. Aussitôt, il appelle un grand
nombre d'ouvriers, et, la nuit même, il fait démolir sa

maison jusqu'à la dernière pierre. Ses proches eurent beau lui représenter qu'il ne fallait pas aller si vite, il ne les écouta point. Il alla ensuite loger chez ses amis, jusqu'à ce que le peuple lui eût assigné une place où il pût bâtir une maison plus modeste que la première.

CCCCXII.

A quoi eût abouti le don de la parole, si les hommes n'avaient été destinés à vivre et à converser ensemble? Nous le sentons tous, et ce sentiment, gravé dans nos cœurs, est l'ouvrage de la nature : rien ne nous flatte plus agréablement, que de pouvoir vivre et nous entretenir avec un de nos semblables. Supposons un homme qui mène, dans une île, une vie isolée et loin de toute société humaine; quel ennui ne répandra pas sur ses jours une pareille solitude? Ni le magnifique spectacle de l'univers, ni l'air pur qu'il respire, ni l'agréable variété des fleurs dont la terre est émaillée, ni l'harmonieux concert des oiseaux, rien n'adoucira l'ennui qui le dévore. Tous ces plaisirs sont insipides pour l'homme, tant qu'il en jouit seul. Mais, qu'un de ses semblables vienne à s'offrir à sa vue, le jour aussitôt s'embellit pour lui, et le soleil brille d'une clarté plus pure : c'est que l'homme est naturellement porté à vivre en société.

CCCCXIII.

Oh ! qu'ils sentent peu leurs maux, ceux qui ne regardent pas la mort comme la plus belle loi de la nature ! Soit qu'elle éloigne de nous l'infortune, qu'elle mette fin à l'ennui et à la fatigue du vieillard, qu'elle coupe la jeunesse même en sa fleur, elle se montre à nous toujours comme le terme et souvent le remède de nos maux, quelquefois même comme l'objet de nos vœux. Elle ne nous est jamais plus propice, que lorsqu'elle vient sans être appelée. La mort affranchit l'esclave malgré son maître, délivre le captif de ses fers, et fait sortir de prison le malheureux qu'un pouvoir tyrannique y avait plongé. Elle dit à l'exilé, qui tient toujours son esprit et ses regards attachés sur sa patrie : « Homme ! il t'importe peu dans quelle terre tu sois enseveli. » C'est par elle que la vie n'est point un supplice, que l'on sait résister aux coups du sort, et conserver un esprit maître de soi et supérieur à tous les événements.

CCCCXIV.

Heureux celui qui sait diriger les mouvements de son âme vers le bien ! il se mettra hors de la puissance et des mains de la fortune. Il saura adoucir les rigueurs de l'adversité, et méprisera ce qui fait l'admiration des autres. C'est le propre d'une âme noble de mépriser les grandeurs, et de préférer la médiocrité à la trop grande abondance. La première est utile et nécessaire à la vie ; l'autre est nuisible, parce qu'elle est superflue. Ainsi trop de fertilité détruit la moisson ; ainsi les branches se rompent sous le poids des fruits ; ainsi trop de fécondité empêche le fruit de parvenir à la maturité. Il en est de même de l'âme : une prospérité excessive l'abat, parce que souvent elle en use, non-seulement au détriment des autres, mais encore pour son propre malheur.

CCCCXV.

Quelquefois la chose demandée se trouve préjudiciable à celui qui la demande. Alors la bienfaisance ne consiste pas à donner, mais à refuser. Nous devons donc avoir plus d'égard à l'intérêt, qu'au désir du demandeur. Souvent on désire des choses nuisibles, et l'on ne peut discerner à quel point elles sont pernicieuses, tant que le jugement est troublé par la passion. Comme on refuse de l'eau froide aux malades, des armes aux furieux, de même nous devons persister à refuser un bienfait dangereux, même aux prières les plus touchantes. Se rendre aux prières d'un furieux, c'est une bonté cruelle. S'il est beau de sauver un homme en dépit de lui-même, lui accorder une demande nuisible, est une haine flatteuse et complaisante. Il faut que nos bienfaits plaisent de plus en plus, et qu'ils ne se tournent jamais en poisons. Il n'y a souvent aucune différence entre les présents des amis et les vœux des ennemis. La complaisance imprudente des premiers nous précipite dans tous les maux que ceux-ci nous souhaitent.

CCCCXVI.

C'est une belle maxime du prince des poëtes de l'ancienne Rome, que « tout cède à l'opiniâtreté du travail. » Si le relâchement s'y introduit, le moindre embarras arrête, l'empressement se refroidit, et bientôt, esclave de l'oisiveté, on s'endort dans la mollesse. L'esprit est né pour l'action. Pendant le sommeil même, où les pensées paraissent comme suspendues entre la vie et la mort, il ne peut demeurer oisif. Tant que le travail ne passe point les bornes, ne craignez pas que l'esprit y succombe : il en est de lui comme du corps ; le repos continuel l'énerve, l'exercice modéré le fortifie. Parcourez, dans l'histoire des empires, celle des hommes lettrés qui en ont fait le plus bel ornement : le désir d'apprendre s'accrut en eux avec l'âge ; cette ardeur fut égale à la mesure de leurs talents ; elle s'empara d'eux dès l'enfance, et ne les quitta point jusqu'au tombeau.

FIN.

BIBLIOTHEQUE ROYALE